18. 7. 2015

Liebe Christina!

Viel Glück und alles
Liebe zum Bachelor
und Deinen 22. Geburtstag

Omi Resi und
Opa Hansi

W0056985

Licht auf unserem Weg

Licht auf unserem Weg

Inspirierende Gedanken
von
Phil Bosmans
Anselm Grün
Andrea Schwarz
Christa Spilling-Nöker
Pierre Stutz

Herausgegeben von
Ulrich Sander

HERDER

FREIBURG · BASEL · WIEN

Inhalt

Vorwort

Menschen leben vom Licht und der Sonne. Wer lange auf sie verzichten muss, spürt, wie sein leibliches Wohlbefinden davon beeinträchtigt wird. Aber die Sehnsucht nach Licht gilt nicht nur für unseren Körper, sondern prägt Geist und Seele. „Oriens" ist das Wort für die aufgehende Sonne, und „Orientierung" meint im Wortsinn: „Ausrichtung zum Licht".

Darum geht es spiritueller Weisheit. Sie will nicht irgendeine Fremdbestimmung von außen, im Gegenteil: Unterwegs zum Licht sein bedeutet, die eigene Lebensspur zu finden. *Anselm Grün* spricht davon, das „einmalige und unverfälschte Bild", das unserer Seele eingeprägt ist, zum Leuchten zu bringen – auch gegen so manche von außen kommenden entfremdenden Vor-Bilder.

„Licht auf unserem Weg": Die Beiträge der fünf unverwechselbaren Autorinnen und Autoren dieses Bandes führen alle nicht in lebensferne Höhen, sondern wollen die Augen öffnen für das verborgene Licht der alltäglichen Dinge. „Ich finde meinen Stern im Alltag, entfalte meine Gaben und meine heilenden Kräfte", schreibt *Pierre Stutz*. Es gibt eine Kraft des Augen-Blicks, die besonders in der Begegnung mit anderen Menschen spürbar wird und sich entfaltet. Wir sprechen davon, dass die Augen eines Menschen „leuchten", und nennen einen geliebten Anderen „mein Augenstern". *Phil Bosmans* bringt diese Erfahrung auf den Punkt: „Die Liebe ist wie die Sonne. Wer sie hat, dem kann viel fehlen. Aber wem die Liebe fehlt, dem fehlt alles." Im Licht der Liebe können wir manchmal spüren, dass unsere Wege begleitet sind von guten Mächten. Sie machen sich als innere Stimme vernehmbar oder im absichtslosen Schauen auf die zarte oder überwältigende Schönheit der Natur. Sie begegnen uns als Traumbild oder einfach in der Güte eines anderen Menschen, der für uns zur „Lichtgestalt" wird.

Solange wir leben, ist die Erfahrung des Lichts nicht ohne die Erfahrung des Dunkels: Seien es Schmerzen oder Leid, das uns oder andere von außen trifft, seien es die Schatten unseres eigenen Lebens und seiner Geschichte. Spirituelle Weisheit bestärkt uns darin, solche Erfahrungen nicht zu übergehen oder zu verdrängen, sondern anzunehmen und zu gestalten. Wir brauchen auch das Dunkel, um zu wachsen und Neues werden zu lassen. So liegt auf nächtlichen Stunden ein eigener Segen: „Segne uns du dunkler Gott", fasst ihn *Andrea Schwarz* in Worte.

Die biblische Weisheit sagt: „Gott ist Licht", und damit gibt sie unserer menschlichen Suche nach Licht einen tieferen Grund. Unterwegs zum Licht sein bedeutet dann Heimkehr und Nach-Hause-Finden. Der Ausblick auf den Horizont des Ewigen befreit uns davon, unser Leben selbst „perfekt" oder „vollkommen" machen zu müssen. „Unser Leben bleibt Fragment", wie *Christa Spilling-Nöker* schreibt. Und doch: Wie in den Teilen eines Glases kann sich in all den Bruchstücken etwas von dem Licht brechen und spiegeln, das niemals erlischt.

Ulrich Sander

Folge *deiner* Lebensspur

Licht sein und Licht finden

Es lohnt sich, im Licht zu leben.
Anselm Grün

⌒

Die Leuchte des Leibes ist das Auge.
Wenn nun dein Auge lauter ist,
so ist auch dein ganzer Leib
von Licht erfüllt.
Weisheit der Bibel

Meine Lebensspur

Dem eigenen Stern folgen und die eigene Lebensspur in diese Welt eingraben, das bedeutet nicht, dass ich etwas Großes oder in den Augen meiner Umgebung Bedeutendes leisten muss. Es geht um etwas anderes: Es geht darum, dass ich mit meinem innersten Wesen in Berührung bin und es in diese Welt hinein ausstrahle. Für den einen ist es die Ausstrahlung von Heiterkeit, von Lebensfreude, für den anderen die Ausstrahlung von Weisheit und Tiefe, von Hoffnung und Zuversicht.

Was wollen wir in unsere Umgebung hinein ausstrahlen? Denn das ist unser Beitrag, diese Welt menschlicher zu gestalten. Es geht nicht in erster Linie um Leistung. Es geht um Stimmigkeit. Jeder Mensch ist einmalig. Der Sinn meines Lebens besteht nicht in erster Linie darin, Großes zuwege zu bringen, sondern das eigene Leben so authentisch zu leben, dass das, was Gott mir geschenkt hat, für diese Welt fruchtbar wird. Wenn ich den Sinn meines eigenen Lebens erkannt habe, werde ich auch genügend Kraft haben, etwas für diese Welt zu tun, was sie menschlicher macht.

Anselm Grün

Leben, was wir sind

Die Voraussetzung für ein glückliches Leben besteht wohl in der Fähigkeit, sich selbst anzunehmen. Denn solange man beim Blick in den Spiegel zu der Erkenntnis kommt, dass einem die eigene Nase nicht gefällt, oder wenn man meint, sich seiner kleinen Macken und Marotten schämen zu müssen, dann steht man sich nur selbst im Weg. Vielleicht macht es Sinn, auf einem Zettel einmal zu notieren, was einem an sich selbst gefällt. Es wäre schön, wenn sich diese Liste an jedem Tag ein wenig erweitern würde. So lernt man, sich mehr und mehr zu mögen. Und am Ende kann man vielleicht das, was man nun wirklich nicht an sich leiden kann, zumindest akzeptieren. Vielleicht sind wir manchmal so unzufrieden mit uns selbst, weil wir uns zu hohe Ziele gesteckt haben und irgendwann erkennen müssen, dass wir sie nicht erreichen können. Wir haben versucht, uns zu Leistungen zu zwingen, denen wir nicht gewachsen sind, wir hatten Idealvorstellungen von unserem Leben, denen wir nicht genügen. Es stellt sich die Frage, aus welchem Grund wir versuchen, uns dauerhaft selbst zu überfordern. Meinen wir, auch als Erwachsene noch einen tief verinnerlichten Anspruch unserer Eltern an uns erfüllen zu müssen? Lassen wir doch los, was uns überfordert, und schenken wir uns die Freiheit, das zu leben, was wir sind und was wir mit unserer Kraft vermögen.

Christa Spilling-Nöker

Einmalig sein

Einmalig sein
meinen Platz finden
meinen Standpunkt einnehmen

Original sein
nicht Kopie
mir Jahr um Jahr Zeit geben
zum Wachsen

Monat für Monat dranbleiben
der Krone meines Reifens trauen
auch wenn sie vorerst
nicht sichtbar ist

Tag für Tag
ich selbst werden
meine Kraft nicht unterdrücken
über mich selber hinauswachsen
Pierre Stutz

Du bist ein Wunder

Du bist ein wunderbarer Mensch.
Hat dir das noch keiner gesagt?
In deinem Innersten bist du einmalig, unverwechselbar.
Von Ewigkeit zu Ewigkeit wird keiner so sein wie du.
Unter der Oberfläche deines Bewusstseins stößt du
auf das Wunder, das du selbst bist.
Sei du selbst! Das ist unerlässlich.
Lass dich nicht gleichschalten von einer Gesellschaft,
in der alle Menschen im gleichen Rhythmus
reagieren sollen,
im Rhythmus von Produzieren und Konsumieren,
von Geldverdienen und Geldausgeben. Sei du selbst!
Frage dich: Wofür lebe ich? Für Geld, Arbeit, Ansehen?
Du bist einmalig. Du lebst aber nur einmal.
Du bist gemacht, um Menschen Liebe und Freude zu bringen.
Erwarte nicht zu viel von anderen. Mach es selbst!
Nimm dir Zeit, um glücklich zu sein.
Du bist ein wandelndes Wunder in dieser Welt.
Du bist einmalig, einzigartig, unverwechselbar.
Weißt du das? Warum staunst du nicht,
warum freust du dich nicht, überrascht über dich selbst
und über all die anderen um dich?
Zeit ist keine Schnellstraße zwischen Wiege und Grab,
sondern Raum, um in der Sonne zu parken.
Nimm dir ruhig Zeit, um glücklich zu sein.
    Phil Bosmans

Mein Licht leuchten lassen

Mein Licht
nicht mehr länger verstecken
es leuchten lassen
wie es die Kinder tun

Mein Licht
in die Mitte stellen
zu meinen Gaben stehen
darin meine Lebensaufgabe erkennen

Mein Licht
hineinscheinen lassen
in dunkle Situationen von Verzweiflung
und Ungerechtigkeit

Mein Licht
einfließen lassen
ins gemeinsame Spiel der Lichter
der weltweiten Verbundenheit

Mein Licht
ist nicht mein Licht
sondern Ausdruck
des göttlichen Lichtes
Pierre Stutz

Die leuchtende Stadt

Aufbrechen, losgehen – um mich zu finden. Das ist die Einladung zum „Abenteuer Leben". Wie aber kann das Abenteuer gelingen, wie geht man (im wahrsten Sinn des Wortes) das Leben an? Wie werde ich lebendiger? Wer aufbrechen und losgehen will, muss ein Ziel vor Augen haben, ein Ziel, für das es sich zu leben lohnt. Ich muss wissen, wo ich hinwill, nur dann kann ich mich und meine Schritte entsprechend daraufhin ausrichten. *Mark Twain*, der amerikanische Schriftsteller, beschreibt in der ihm eigenen Art, was ansonsten passieren kann: „Als wir das Ziel aus den Augen verloren hatten, verdoppelten wir unsere Anstrengungen." Wenn ich nicht weiß, wo ich hinwill, werde ich halbherzig einen Schritt mal in die eine, mal in die andere Richtung machen – und doch nicht vom Fleck kommen. Wer sein Ziel vor Augen hat, der kann gelassen sein, der braucht nicht zu hetzen, sondern kann zielstrebig seinen Schritt, sein Tempo finden.

Ich brauche eine Vision, ein Bild einer anderen Wirklichkeit, für die es sich zu leben lohnt, eine Vision, die meinen Schritten eine Richtung gibt, die mich „ausrichtet". In der Bildersprache der Bibel ist diese Vision das himmlische Jerusalem, das Leben in und mit Gott in einer neuen Zeit, einem neuen Raum – auf das ich hier und jetzt zugehe. Und nur, wenn ich ein solches Ziel vor Augen habe, kann ich entscheiden, ob ein Schritt zielführend ist, ob er mich dieser Vision näher bringt.

Andrea Schwarz

Zigeunerin
Gottes

verzaubernde Worte
der lockende Ruf der Flöte
und ich entzieh mich nicht

funkelnde Sterne
nichts was mich festhält
wenn ich den Träumen trau

eine verwandelnde Kraft
und ich geb mich
ohne zu wissen was wird

ich sehn mich
in die
Unendlichkeit

und
geh

endlich
los

Endlich wieder klar
nein
ich verkaufe mein Leben nicht mehr
an nichts und niemanden
nicht für Geld und gute Worte

nein
ich lasse mich nicht mehr einsperren
von Bildern und Erwartungen
nicht durch Druck und nicht durch Drohung

nein
ich lasse mich nicht mehr lähmen
von meiner Angst, nicht geliebt zu sein
nicht durch Probleme anderer mit mir
und nicht durch Konflikte, die nicht meine sind

nein
ich verliere mich nicht mehr
in scheinbar Wichtigem
das so unwichtig ist

nein
ich will es nicht mehr
allen recht machen
und keine Zeit mehr für mich haben

nein
so will ich
nicht mehr leben

stattdessen
will ich mir Zeit nehmen
dem Schmetterling zu folgen
und dem Zug der Vögel
dem Weg der Wolken

und dem Klang einer Melodie
dem Tanz der Blüten am Zweig
und dem Traum der Nacht

ein Glas Rotwein mit Freunden
ein Telefonanruf
ein Brief
ein gutes Wort
Gebet und Stille und Raum

und glauben
einem Stern
der Verheißung
der Zusage

und leben
endlich wieder

leben!
Andrea Schwarz

Von innen her leuchten

Wir halten es für selbstverständlich, dass die Sonne uns tagsüber leuchtet und wärmt, dass die Blumen für uns blühen, die Vögel für uns singen und dass wir uns in klaren Nächten über den Sternenhimmel freuen dürfen. Oft nehmen wir die Herrlichkeit der Natur schon gar nicht mehr wahr. Dabei könnten wir so warmherzig leben, dass die Sonne sich an uns erfreut, so lebendig und vielfarbig in unserer Seele aufblühen, dass die Blumen sich bemühen müssen, nicht hinter uns zurückzubleiben. Wir könnten einmal fröhlich mit den Vögeln um die Wette singen und unserem Herzen von innen her eine solche Leuchtkraft schenken, dass die Sterne am Firmament vor Neid erblassen. Wie wundervoll könnte solch ein Leben sein.

Christa Spilling-Nöker

Licht und Schönheit

Der Engel des Lichts möchte dich erleuchten, damit du selbst für andere zum Licht werden kannst. Du kannst aber nur zum Licht werden, wenn du das Licht deines Engels hineinstrahlen lässt in deine innere Dunkelheit. Licht und Dunkelheit gehören zusammen. Es gibt kein Licht ohne Dunkelheit. Das Licht muss die Dunkelheit durchdringen. Du musst das göttliche Licht deines Engels in alle dunklen Abgründe deiner Seele leuchten lassen. Dann wird alles in dir zum Licht. Alles wird durchlässig für das Licht aus der Wirklichkeit des Heiligen. Erleuchtung ist das Ziel allen geistlichen Strebens. Die frühen Mönche sprechen davon, dass die Seele selber zu einem Licht wird. Wenn wir uns von Gottes Licht immer mehr verwandeln lassen, dann können wir das innere Licht sehen. Wenn wir meditieren, dann sehen wir in unserem Herzen ein Licht. *Evagrius Ponticus,* ein Mönch aus dem 4. Jahrhundert, spricht davon, dass die Seele dann wie ein Saphir leuchtet. Wenn wir zu diesem Zustand der Kontemplation gelangen, so meint Evagrius, ist ein Engel uns nahe. Er bringt uns Licht und bewirkt in uns ein tiefes Gefühl des Vertrauens. „Engel werden dich begleiten und dir den Sinn der ganzen Schöpfung erschließen" (Evagrius). Das innere Licht erhellt uns auch die Schöpfung. Wir werden dann in jeder Blume und in jedem Grashalm ein Licht und eine Liebe entdecken, die die ganze Schöpfung trägt.

Die Schönheit der Schöpfung erstrahlt im Licht dieser Liebe. Wer die Wirklichkeit in diesem Licht sieht, dessen Seele wird selber hell und voll Freude. Licht hat nach der Tradition auch mit Schönheit zu tun. Für die griechische Philosophie scheint uns im Guten, Wahren und Schönen Gott, der Urgrund allen Seins, selbst auf. Das Ziel der Seele ist es, zu Gott aufzusteigen, damit sie vom überströmenden Glanz überschöner Göttlichkeit übergossen wird. *Gregor von Nazianz* meint, die Engel seien so trefflich nach Gottes Schönheit geschaffen, dass sie uns das göttliche Licht mitteilen. Für ihn haben die Engel also eine enge Beziehung zur Schönheit.

Der Engel des Lichts macht dir den Blick hell, damit du all das Schöne wahrnehmen kannst, das die Welt dir anbietet. Da ist zunächst dein schöner Leib. Ich erlebe immer wieder Menschen, die ihren Leib nicht annehmen können, weil er nicht so gestaltet ist, wie es heutige Mode möchte. Aber jeder Leib ist schön und gut. Die Voraussetzung für die Schönheit des eigenen Leibes ist, dass ich einverstanden bin mit ihm. Wenn ein Mensch mit sich im Einklang lebt, dann strahlt sein Gesicht etwas Schönes aus. Harmonie und Freude werden darin zu lesen sein. Wenn du an deine eigene Schönheit glaubst, wird deine Ausstrahlung heilend sein. Dieses Licht wird deiner Seele guttun. Und es wird zurückstrahlen.

Anselm Grün

Meine Augen sind da für das Licht

Meine Augen sind da für das Licht, für das Grün des Frühlings, für das Weiß des Schnees, für das Grau der Wolken und das Blau des Himmels, für die Sterne in der Nacht und für das unglaubliche Wunder, dass es so viel wunderbare Menschen um mich gibt.

Mein Mund ist da für ein liebes Wort, auf das ein anderer wartet. Meine Lippen sind da für einen Kuss und meine Hände, um zärtlich und sanft zu sein, um Leidenden zu helfen. Meine Füße sind da, um zum Nächsten zu gehen. Und mein Herz ist da, um Menschen, die in Einsamkeit und Kälte leben, Nähe, Wärme und Liebe zu schenken.

Ohne Leib bin ich nirgends. Ohne Sinn ist nichts. Alles hat seine tiefe Bedeutung. Dein Leib ist eine wunderbare Gabe. Mit deinem Leib bist du gegenwärtig: sichtbar, greifbar. Mit deinen Augen kannst du lachen und weinen. Mit deinem Kopf kannst du denken, träumen, dich erinnern. Mit deinem Mund kannst du essen, sprechen und singen. Mit deinen Händen kannst du streicheln und arbeiten. Mit deinem Herzen kannst du zärtlich sein, trösten.

Dein Leib ist dein Haus auf Erden. Deine Augen sind deine Fenster zur Welt. Du bist mehr als dein Leib, aber du kannst ihn nicht entbehren. Du musst gut für ihn sorgen und ihn nicht verwöhnen. Lass dir keine sinnlose Bequemlichkeit aufdrängen, bis du am Ende Füße nur noch für das Gaspedal hast und Hände nur noch für elektronische Tasten und Knöpfe. Dein Leib braucht Wärme. Liegt er zu lange im Eisschrank, dann wird er starr und kalt. Dann wird er eine Ess- und Arbeits- und Schlafmaschine. Die Verbindungen zu anderen hören auf, und der Mensch fällt tot auf sein eigenes Ich zurück.

Der Leib ist ein Wagen der Liebe. Ein gutes Wort ist möglich, weil du einen Mund hast. Eine sanfte Gebärde, weil du Hände hast. Ein liebevoller Blick, weil du Augen hast. Dein Leib ist Träger der Zärtlichkeit.

Phil Bosmans

Lichtmomente

Mit einem Neuanfang ist oft ein neuer Schlüssel gegeben, der mir Zugang verschafft zu neuen Orten. Darin liegt eine große Symbolkraft, die mir helfen kann, Gelassenheit in dieser Abschieds- und Begrüßungszeit meines Lebens zu finden. Denn ein spiritueller Mensch nimmt wahr, was ist, und geht von dem aus, was ihm nahe ist. So kann der Schlüssel, den ich nun mit mir trage und morgens, den Tag hindurch und abends gebrauche, die Spur aufzeigen, wie ich mit neuen, ungewohnten Situationen und Anforderungen umgehen kann. Wenn ich den Schlüssel wirklich in die Hand nehme und dabei im tiefen Ein- und Ausatmen innehalte, kann mich dies in Verbindung bringen mit Schlüsselerlebnissen in meiner Geschichte: mit Aha-Erlebnissen, in denen ich mich getragen fühlte, mir etwas Wichtiges aufging, ich mich verstanden fühlte.

Ich nenne dies mystische Erfahrungen: Momente des Lebens, in denen Raum und Zeit wie aufgehoben erscheinen und ich erahne, dass Wesentliches im Leben nie allein durch meine Leistung, durch Erfolg erfahrbar wird, sondern gerade im Angerührt-Sein und Staunen dem Leben in seiner Faszination und Widersprüchlichkeit gegenüber. Wenn ich mich verloren fühle in meiner neuen Umgebung und mich schwertue, dem Sprachspiel der anderen zu folgen, wenn neue Beziehungen sich nicht so leicht ergeben, kann mir der Schlüssel eine entlastende Hilfe sein, mich zu öffnen für all das Bestärkende, das ich in meinem Leben erfahren habe. Engagierte Gelassenheit lebt von dem, was wir zu oft als selbstverständlich anschauen: den Schlüssel, den ich immer vor dem Öffnen und Schließen eines Raumes als Einladung sehe, mich zu erinnern an all das unscheinbar Wunderbare, das mich so werden ließ, wie ich heute bin. Den Schlüssel, der mich bestärkt, mich zu lassen und nicht zu sehr unter Druck zu setzen in der Erwartung, schon in den ersten Wochen alles Neue verstanden zu haben. So finde ich einen gelassenen Schlüssel des Vertrauens zu den Menschen.

Pierre Stutz

Stille der Nacht

Wir mögen das Dunkel nicht – und doch brauchen wir es. Erst dann kann die Sehnsucht in mir wachsen, kann in mir so kraftvoll werden, dass sie mich zum Aufbruch treibt.

Die Nacht ist die Zeit der Konzentration, des Sammelns. Nicht länger abgelenkt von den zahlreichen Außeneindrücken des Tages, kann ich mich neu auf das Wesentliche besinnen. Die Nacht, das ist die Zeit, in der ich lassen kann. Das ist die Zeit, in der Fragen unbeantwortet bleiben, aber vielleicht einer Antwort entgegenwachsen. Das ist die Zeit, in der ich warte und offen bin für die unerwartete Anfrage Gottes. Das ist die Zeit, in der ich ins Hören komme ...

Nur in der Stille kann ich hören.

Das Dunkel ist Teil unseres Lebens – und es gilt, dieses Dunkel auszuhalten. Wir werden zurückgeworfen auf uns selbst – das Außen, die Aktivitäten, das Tun lenkt nicht mehr ab – wir werden neu verwiesen auf das Sein. Das Wesentliche kann hervortreten, von Äußerlichkeiten befreit.

Die Flucht in Aktivität und grelle Lichter mag diese Sehnsucht für einen kurzen Moment betäuben, rastloses Beschäftigt-Sein mag die Stille verhindern, in der mich die Stimme Gottes erreichen könnte. Aber all das wird den Hunger nicht wirklich stillen – es bleibt die Sehnsucht und das Ahnen.

Eine solche Sehnsucht kann unruhig machen. Sie ist Heimweh nach einer noch nicht erfahrenen Heimat, von deren Vorhandensein ich nur ahne; sie ist die Lust am Anderen, die mich aufweckt und aufrüttelt aus meinem Alltag, mich aus dem Gewohnten herausholt; sie ist die dunkle Hoffnung, dass es noch mehr geben mag als das, was ich erlebe, erfahre, spüre. Eine solche Sehnsucht kann nur im Dunkel wachsen, in Zeiten, in denen ich mich dem Dunkel hingebe, es zulasse, mich loslasse.

Rainer Maria Rilke sagt es schlicht und einfach und zugleich voll Vertrauen: „Ich glaube an Nächte."
Ja – weil in ihnen die Sehnsucht geboren wird.
Andrea Schwarz

Viel
leicht

eine Verheißung
in den Ohren
einen Stern
vor Augen
meine Gaben
in den Händen

mache ich mich auf

den Weg

und weiß nicht

wo ich
ankommen werde
Andrea Schwarz

In der Gegenwart leben

„So richtig gut gehen würde es mir erst, wenn …", ist ein Satz, der häufig zu vernehmen ist. Nach dem „wenn" folgen dann die unterschiedlichsten Wunschträume. „Wenn ich erst mit meiner Ausbildung fertig bin", „wenn ich einen schicken Wagen habe", „wenn die Kinder mit dem Studium fertig sind", „wenn ich die Raten für das Haus abbezahlt habe". Das hört sich so an, als käme einmal eine belastungsfreie Zeit, in der man sich dann endlich einmal richtig wohlfühlen kann. Dabei gibt es doch, trotz aller gegenwärtigen Bürden, in der Gegenwart an nahezu jedem Tag irgendetwas, was einem Freude macht und zu einem Lächeln verführt. Vielleicht bedarf es einer besonderen Lebenskunst, solche beglückenden Augenblicke wahrzunehmen und auszukosten.

Wir kennen die Redensart: „Das kann ich mir schenken", die meint: Darauf kann ich nun wirklich verzichten. Es tut ja manchmal auch gut, bei all den vielfältigen Anforderungen, die der Alltag stellt, gelegentlich einen Termin zu streichen. Das Gleiche gilt natürlich auch für die Überfülle der Freizeitangebote. Auch da können wir einmal etwas auslassen von dem, was wir uns vorgenommen haben. Vielleicht kommen wir dadurch ja bisweilen dazu, uns einen Tag zu schenken, den wir uns freihalten von Ablenkungen aller Art. Ein Tag, um sich Muße zu gönnen und um Freude darin erfahren zu dürfen, dass man einmal wieder ganz bei sich selbst sein kann.

Christa Spilling-Nöker

Lass dich nicht leben, lebe!

Eine Quelle will fließen. Du kannst das Wasser der Quelle nicht allein für dich behalten. Es bleibt nur frisch und erfrischend, wenn es strömt. Sonst wird es schal und verliert seine Kraft. Die Quelle will in dir strömen, aber auch von dir weg auf andere hin. Wo fließt heute Energie bei dir? Dort, wo das Leben in dir strömt, bist du in Berührung mit dem Grund deines Lebens. Vielleicht hast du den Eindruck, dass das Leben momentan eher stockt. Dann stelle dir vor, wohin deine Energie strömen möchte. Was würde dich lebendig machen? Ist es ein schöner Urlaub in einem fremden Land? Oder eine Arbeit, für die du dich gerne engagieren würdest? Oder eher ein kreatives Tun?

Lass dich nicht leben. Lebe! Lass dich nicht von außen fremdbestimmen und beeinflussen. Sei du selber! Sei von innen her authentisch und versuche, immer stärker der zu werden, der du bist: Das ist das Ziel eines jeden Lebens. Es ist auch das Ziel des geistlichen Wegs. Auch hier geht es darum, zu mehr Selbstvertrauen und zu stärkerem Selbstwertgefühl zu gelangen. Viele sehen darin einen Widerspruch und meinen, Selbstverwirklichung stehe im Gegensatz zum christlichen Weg der Selbstverleugnung. Doch das stimmt nicht. Es geht nicht darum, sein Ego ins Zentrum zu stellen und es auf Kosten anderer zu verwirklichen.

Im Gegenteil: Wir sollten zu unserem wahren Selbst gelangen, zu dem einmaligen Bild, das Gott sich von uns gemacht hat.

Anselm Grün

Loslassen, ohne Angst

Ängstliche Menschen neigen zum Grübeln.
Sie ergehen sich in Vermutungen.
Sie müssen sich immer verteidigen.
Sie machen sich selbst unglücklich.
Sie sehnen sich nach überflüssigen Sorgen,
nehmen sie in die Arme und hätscheln sie.
Sie glauben erst gar nicht,
dass die Sonne scheinen könnte,
und verkriechen sich frierend im Schatten.
Aber das Leben ist nicht zum Grübeln da.
Dafür ist die Zeit zu schade.
Dafür ist der Mensch nicht gemacht.
Angst vor morgen kommt immer einen Tag zu früh.
Angst hat viele Gesichter:
Angst, verlassen zu werden und allein zu sein;
Angst, zu versagen und zu verlieren;
Angst vor der ungewissen Zukunft;
Angst vor rechts und vor links;
Angst vor Gewalt, Unglück und Krankheit.
Alle Angst im Leben geht letzten Endes zurück
auf die Angst vor dem Tod.
Weil der Mensch so fest am Leben hängt,
verursacht das Loslassen so viel Schmerz.
Nur wer lernt: geben statt nehmen,
loslassen statt festhalten,
der kann frei leben, glücklich und entspannt,
ohne Angst.
Phil Bosmans

Anfang

Wort
Licht
Hoffnung
Vertrauen

warten
wachsen
werdend
sein

mich spüren und
den nächsten Schritt wagen
mich riskieren
jetzt

ja sagen
zum Dunkel
zu mir
zu Gott

mich hineingeben
mich hingeben
mich lassen
und einfach nur sein

mich versöhnen
mich annähern
mich probieren
mich suchen

um zu finden
was ich nicht suchte
um zu bekommen
womit ich nicht gerechnet hatte
Andrea Schwarz

Der Verwandlung trauen

In Zeiten des Neuanfangs
in denen die Sehnsucht nach Verwandlung wächst
und die Angst vor der Ungewissheit
mich täglich einholt
gehe ich auf die Suche
nach einem Symbol
das mich offen-sichtlich erinnert
an die bleibende Kraft Gottes in allem

In Zeiten des Neuanfangs
in denen mich in den Träumen
alte lebensbehindernde Muster
des Zweifelns und des Zögerns einholen
vertraue ich auf dich Lebensatem
der erlöst von Allmachtsfantasien
und zu neuen Vertrauensschritten bewegt

In Zeiten des Neuanfangs
in denen ich mich überfordert fühle
durch die vielen neuen Eindrücke
schaffe ich mir am Arbeitsplatz
eine Nische mit einem Vertrauenszeichen
das mich erinnert
wie der rote Hoffnungsfaden
sich auch durch mein Leben zieht
  Pierre Stutz

Meine Grenzen

Ich gewinne Identität dadurch, dass ich mich begrenze, meine Grenzen annehme, Kontur bekomme durch Gestalt. Meine Grenzen geben mir eine Form – und damit unterscheide ich mich von anderen, werde zu einem einmaligen Individuum. Aus einer „Masse Mensch" werde ich dann unterscheidbar, wenn ich meine mir eigene Gestalt habe und annehme.

In dem Wort „unterscheiden" steckt das Wort „scheiden", das alte Wort für „trennen". In dem Moment, wo ich mich unterscheide, trenne ich mich zugleich. Wenn mir erst meine Grenzen Kontur und Gestalt geben, dann muss ich Abschied nehmen von der Illusion, vielleicht doch grenzenlos, allmächtig, allwissend zu sein. Es ist eine Illusion, diese Grenzenlosigkeit – ohne Grenze wäre ich gar nicht ich, würde ich zerfließen. Erst die Grenze macht mich zu der, die ich bin. Erst die Grenze macht mich begreifbar – so wie meine Haut, mein Leib, der Form und Gestalt hat, mich begrenzt, überhaupt erst die Berührung ermöglicht. Und auch Reinhard Mey irrt, wenn er von der grenzenlosen Freiheit über den Wolken singt. Eine Freiheit, die keine Grenzen kennt, ist keine Freiheit, weil Grenzenlosigkeit zugleich immer Ichlosigkeit bedeutet. Ohne Grenzen bin ich nicht, kann ich gar nicht sein, weil ich dann ins Nichts zerfließen würde, so wie ein Eimer Wasser, auf den Boden gekippt, einfach versickern würde.

Andrea Schwarz

Meine Stärken

Gutes Leben ist immer maßvolles Leben. Und es ist nicht selbstverständlich, sein Maß zu finden. Wir machen die Erfahrung, dass uns maßvolle Menschen anziehen. Wer hingegen das rechte Maß verloren hat, mit dem er sich selbst misst, macht auf uns einen eher peinlichen Eindruck. Er überschätzt sich selbst. Das macht den Glanz des Menschen aus, dass er sein Maß kennt und so lebt, wie es seinem Maß entspricht.

Psychotherapeuten raten uns, zu fragen, wo wir uns gut fühlen, und uns in solche Situationen innerlich hineinzugeben. Dadurch kommen wir in Berührung mit dem Potenzial an Möglichkeiten und Energien, die in uns stecken. Anstatt nur unsere Probleme zu besprechen und uns auf unsere Leiden und Schwächen zu konzentrieren, motivieren sie uns, darauf zu achten, was wir gut können, wo wir unsere Fähigkeiten sehen, was uns leicht von der Hand geht. Sie regen uns an, mit unseren Möglichkeiten und Fähigkeiten in Berührung zu kommen. Jeder von uns hat solche Stärken.

Anselm Grün

Im Licht der Träume

Selbsterkenntnis ist ein großes Wort, kein Zustand, sondern ein dynamischer Prozess, ein Geben und Nehmen, ein Finden und Verlieren, ein Ankommen und Aufbrechen. Die Tür zur Selbsterkenntnis ist für mich das Gebet, jene menschliche Grundübung der Aufmerksamkeit, der Wahrnehmung, um in allem Gottes Gegenwart zu erahnen. Das Gebet ist für mich nicht das Bemühen, Gott zu erreichen, sondern das Aufatmen, dass ich schon in ihm bin, lebe und mich bewege. Darum helfen mir auf meinem Weg der Selbst- und Gotteserkenntnis auch meine Träume weiter. Es gibt viele Träume, an die ich mich nicht mehr erinnere, weil ich sie nicht sofort aufgeschrieben habe. Es gibt viele Träume, die ich nicht verstehe. Es gibt schreckliche Träume, die mich voller Schwere erwachen lassen, und dann fehlt mir die Kraft, sie anzuschauen. Und es gibt kraftvolle Traummotive, die ich nie mehr vergesse und die mir helfen, mich besser zu verstehen. Am Beginn eines Jahres hatte ich innerhalb von zwei Wochen dreimal folgenden Traum: Ich stand im Park vor einem großen, eindrucksvollen Gebäude; einmal war es eine große Kirche, einmal ein imposantes Schloss, einmal ein siebenstöckiges Gymnasium. Voller Bewunderung stand ich in der Mitte des Parks, als völlig unerwartet ein schreckliches Erdbeben das Gebäude zum Einsturz brachte und nichts mehr als ein riesiger Schutthaufen vor mir lag. In allen drei Träumen war ich umzingelt von Angst, von Schrecken. Diese Verunsicherung wandelte sich, als ich mich selber anschaute und zu meinem großen Erstaunen sah: aufrecht zwischen Erde und Himmel, heil, ohne Verwundungen. Seit diesen Träumen vertraue ich noch mehr dem inneren heiligen Ort in mir, wo niemand Zutritt hat und ich unverletzbar bin. Aus diesen Träumen lerne ich, dass mir Umbruchsituationen und Veränderungen im Leben nicht erspart bleiben, um immer mehr so werden zu können, wie Gott mich von Anfang an gemeint hat.

Pierre Stutz

Träume führen in die Zukunft

Träume sind auch Verheißungen. In ihnen zeigt uns Gott, dass wir schon weiter sind, als wir ahnen. Da träumen wir zum Beispiel mitten in depressiven Phasen von einem Licht, das uns erleuchtet. Gott weist uns damit auf das Heilende hin, das mitten in dem Kranken in uns ist, auf das Licht mitten in unserer Finsternis. Oder Gott lässt uns von einem Kind träumen. Ein Kind weist immer auf das Neue hin, das in uns geboren werden möchte, auf das Ursprüngliche und Echte, mit dem wir in Berührung kommen. Aber manchmal gehen wir im Traum unachtsam mit dem Kind um. Wir lassen es fallen. Es verletzt sich. Dann ist der Traum nicht nur Verheißung des Neuen, das in uns geboren wird, sondern zugleich Mahnung, behutsam mit diesem Neuen umzugehen und uns dessen bewusst zu werden, was da in uns werden möchte.

Anselm Grün

Morgengrauen

aus dem Dunkel
heraus

meine Hoffnung
auf den Stern richten

der den kommenden Morgen
ansagt

und ihn
in meinem Herzen

aufgehen
lassen
  Andrea Schwarz

Licht und Dunkel

Zu den größten Wundern gehört das Licht, auch wenn es uns selbstverständlich erscheint. Nur im Licht der Sonne kann Leben gedeihen. Alles, was lebt, braucht Licht, sehnt sich nach Licht, wächst ins Licht. Zum Leben des Menschen gehört Licht am Tag, aber auch Dunkel in der Nacht, tätiges Wachsein und erholsamer Schlaf. Und zum Leben gehören auch Schattenseiten: nicht nur Freude, sondern auch Leid, die dunkle Last des Versagens, die Verfinsterung durch das Böse. Sosehr wir auch immer wieder versuchen, das Dunkle zu verdrängen und zu verleugnen, zuletzt bleibt uns nur dieser eine Weg: Schatten annehmen und auf Licht hoffen, auf das Licht aus der Höhe, das in die Finsternis leuchtet, sie durchdringt und verwandelt.

Manchmal ist es, als ob zwei Menschen in dir wohnen.

Der eine, der alles gut macht und den du gern vorzeigst, und der andere, für den du dich schämst. Der Mensch ist ein seltsames Wesen. Es gibt so etwas wie eine tiefe Bruchlinie in jedem Menschen. Ich begegne Menschen, die gut leben möchten und doch Dinge tun, die sie selbst nicht begreifen. Warum ist das so? Weil ein Mensch kein Gott ist, kein Engel, kein Superwesen, sondern ein kleiner Pilger auf einem langen Weg, manchmal ziemlich müde und ganz schön angeschlagen. Beunruhige dich niemals über deine Schwächen und Fehler, aber beschönige sie auch nicht. Lerne, damit zu leben. Keiner ist so gut wie in seinen besten Augenblicken, keiner so schlecht wie in seinem schlechtesten Moment.

Phil Bosmans

Meine Wachstumschance sehen

Den schwachen Seiten
meines Lebens nicht ausweichen
sie bewusst vor meinen Augen halten
um sie Gott zu überlassen

Nullpunkte in meinem Leben
nicht überspielen und verdrängen
sondern als Wachstumschance sehen
Zeiten des Neuanfangs

In meinen Schwächen die Stärken entdecken
in meinen Stärken die Schwächen
hineinwachsen ins Urvertrauen
vor allem Tun angenommen zu sein
Pierre Stutz

Wie am ersten Tag

„Ich möchte längst schon weiter sein! – Ich bin immer noch
am selben Punkt in meiner Entwicklung. – Ich möchte
mein Leben endlich im Griff haben." Sätze, die mir in meiner seelsorglichen Begleitung immer wieder begegnen. Sie
sprechen von der Sehnsucht, dass sich mein Leben ver-
wandle, dass ich reife und wachse. Diese Sehnsucht gilt es
wachzuhalten; doch dabei besteht manchmal die Gefahr,
dass ich mir und anderen die nötige Zeit dazu nicht zuge-
stehen will.

Vor diesem Hintergrund gewinnt für mich das Jesus-Wort „Wer das Reich Gottes nicht annimmt wie ein Kind, wird nicht hineingelangen" eine ganz neue Bedeutung. Wenn wir den Weg in die Tiefe wagen, unserer persönlichen Geschichte gerecht werden, unsere Schattenseiten annehmen, können wir dies nur in kleinen Schritten tun. Damit Lebensworte in uns Fleisch werden, brauchen wir viel Geduld mit uns selbst. Das Schlimmste, was wir uns antun können, ist, uns selber gegenüber zu streng zu sein. Um uns allerdings nicht zu unterfordern und uns fatalistisch abzufinden mit unserer Situation, kann uns das Wort Jesu helfen, dass wir Kinder bleiben dürfen. Ich sehe darin den Zuspruch, vor allen Ansprüchen immer wieder ganz klein anfangen zu können. In jeder Lebenslage, auch im hohen Alter, brauche ich diese Zuversicht, verwandelt zu werden. Denn bei Gott zählt nicht, was wir waren, sondern was wir jetzt sind. Ich darf und kann jeden Tag neu anfangen, als wäre es mein erster Tag!

Pierre Stutz

Fliegen lernen

Von Zeit zu Zeit musst du lernen, blind zu fliegen wie Piloten im Nebel. Du weißt, was du gewöhnlich zu tun hast.

Tu es blindlings. Ohne zu denken. Ohne zu grübeln. Vertrau auf die Führung eines anderen. Hab Geduld – auch mit dir selbst.

Phil Bosmans

Zusage

du brauchst nicht
das Unmögliche
möglich zu machen
du brauchst nicht
über deine Möglichkeiten
zu leben
du brauchst dich nicht
zu ängstigen
du brauchst nicht
alles zu tun
du brauchst
keine Wunder zu vollbringen
du brauchst dich nicht
zu schämen
du brauchst nicht
zu genügen
du brauchst Erwartungen an dich
nicht zu entsprechen
du brauchst
keine Rolle zu spielen
du brauchst nicht immer
kraftvoll zu sein

und du brauchst nicht
alleine zu gehen
  Andrea Schwarz

Die eigene Lebensspur finden

„Weg" ist seit je ein Ursymbol für das menschliche Leben. Jesus spricht vom weiten Weg, der ins Verderben führt, und vom engen Weg, auf dem wir zum Leben finden. Der weite Weg ist der Weg, den alle gehen. Sie machen sich keine Gedanken. Sie tun, was alle tun. Sie richten sich nach der Masse, nach den Massenmedien, nach der Meinung der anderen. Der enge Weg ist der Weg, der nur für mich bestimmt ist. Ihn zu finden kostet einige Mühe. Ich muss mich fragen, was meine innerste Berufung ist. Was ist meine Stärke? Was möchte ich in dieser Welt verwirklichen? Welche Spur möchte ich auf meinem Lebensweg in diese Welt eingraben? Ist es meine eigene Lebensspur, der ich folge, oder folge ich den Spuren anderer?

Es kann sein, dass wir auf dem Weg, den wir gerade gehen, umkehren müssen, um unseren Weg zu finden. So eine innere Umkehr kann geschehen, wenn wir es wagen, uns selbst in der Stille auszuhalten. Dann kommt das, was wir nach unten verdrängt haben, nach oben. Dann will das Unterste, dass wir es anschauen und ihm den angemessenen Platz in unserem Leben einräumen. Durch das Umwenden und Umkehren werden wir verwandelt. Das ursprüngliche und unverfälschte Bild Gottes in uns wird sichtbar.

Anselm Grün

Binde deinen Karren an einen *Stern*

Das Licht der alltäglichen Dinge

Das innere Licht erhellt die Schöpfung.
Wir werden in jeder Blume und in jedem Grashalm
ein Licht und eine Liebe entdecken,
die die ganze Schöpfung trägt.
Anselm Grün

Durch die zärtliche Liebe unseres Gottes
wird uns besuchen ein strahlendes Licht
aus der Höhe.
Weisheit der Bibel

DAS LICHT DER ALLTÄGLICHEN DINGE

„Binde deinen Karren an einen Stern!"

Wer einen Karren fährt, muss gut auf den Weg achten. Sonst stürzt der Karren um. Wir schieben den Karren vor uns her und schauen nach unten, damit wir die Hindernisse sehen, die auf dem Weg liegen. *Leonardo da Vinci* gibt uns einen anderen Rat: „Binde deinen Karren an einen Stern!" Was bedeutet es, das Alltägliche, das wir tun, an einen Stern zu binden? Dieser große und geniale Künstler der Renaissance ist überzeugt: Wir müssen uns an den Sternen orientieren, nicht am Boden. Sonst – so meint er – werden wir blind. Leonardo selbst hat seinen Karren an einen Stern gebunden. Das hat ihn dazu befähigt, über den engen Horizont seiner Zeit hinauszusehen. Leonardo war nicht nur ein genialer Maler; er hat auch mit seiner Fähigkeit, die Wirklichkeit neu zu betrachten, geniale Erfindungen gemacht. Der Stern, an den er seinen „Karren" gebunden hat, führte ihn weit über das damals Bekannte und Erkannte hinaus und machte ihn zum Wegbereiter moderner Naturforschung. Wenn wir „unseren Karren an einen Stern binden", entgehen wir der Gefahr, nur noch in der Banalität und Durchschnittlichkeit unseres Alltags zu leben. Wir müssen in der Welt mit einem Herzen leben, das über diese Welt hinausweist. Nur dann können wir es in dieser Welt aushalten. Und nur dann wird uns unsere Arbeit nicht frustrieren. Wer seinen Karren an einen Stern bindet, der sieht über die Hindernisse hinweg und bleibt nicht an ihnen haften. Sein Ziel liegt jenseits des Augenscheinlichen und Banalen. Deshalb kann er seinen Karren in Gelassenheit und Freiheit weiterziehen.

Anselm Grün

Mein Stern im Alltag

Sonne, Mond und Sterne faszinieren uns Menschen. Sie beeinflussen uns, weil wir alle Teil eines Ganzen sind, eingebunden in Schöpfung und Kosmos. Unsere ganze Zeiteinteilung ist durch das Erkennen dieses größeren Zusammenhangs entstanden. Wir bewegen uns im Jahreskreis und unser Blick weitet sich, wenn wir staunend himmelwärts schauen. In jeder klaren Nacht entdecke ich Wundervolles am Sternenhimmel. Dabei fühle ich mich klein und groß zugleich. Der Blick himmelwärts lässt mich über mich selber hinauswachsen, übersteigt mich und verweist mich auf den Stern der Hoffnung und des Vertrauens in mir, im tiefsten Grunde meines Seins, wo ich sein darf vor allen Ansprüchen. So brauche ich meine Sehnsucht nach Anerkennung nicht auf große Stars zu projizieren: Ich finde meinen Stern im Alltag, entfalte meine Gaben und meine heilenden Kräfte.

Pierre Stutz

Heilige Nächte

Endlose Weite
in die ich mich
verlieren will
und kann
am dunklen Himmel
das Sternbild des Orion
Wolkenfetzen
vom Mond geheimnisvoll erhellt

DAS LICHT DER ALLTÄGLICHEN DINGE

Schnee blinkt
auf den Feldern
vom Dunkel
verzaubert
und ich
lass mich
berühren
und bin
rau
karg
und herb
und doch voll Zartheit
bewegt
berührt
verletzbar
und stark zugleich

irgendwas
ist
anders
geworden
Andrea Schwarz

Über dir der Himmel mit seinem Licht
Und unter dir die Erde, die dich trägt,
dazwischen ein Engel, der dich küsst,
mitten ins Herz.
Christa Spilling-Nöker

DAS LICHT DER ALLTÄGLICHEN DINGE

Stern am Horizont unseres Herzens

Für viele Menschen wird die Nacht heute zum Tag. Sie sitzen halbe Nächte vor dem Fernseher. Andere sind Nachtarbeiter. Sie kommen nicht ins Bett, weil sie dies oder jenes noch erledigen wollen. Andere bleiben bei einer gesellschaftlichen Runde einfach sitzen. Sie meinen, etwas zu verpassen, wenn sie ins Bett gehen. Wer kein Gespür hat für die Würde der Nacht – so meint ein italienisches Sprichwort –, der wird auch den Tag nicht gut bestehen. Er wird keinen Blick haben für das Geheimnis des Morgens, für die Frische des Morgens, die das Herz erquickt, für das Aufsteigen des Lichtes. Nur wer im Rhythmus des Tages und der Nacht lebt, erfährt das Geheimnis des Lebens.

In der Nacht leuchten die Sterne und strahlen über dem ganzen Erdkreis. Sie sind Sinnbild menschlicher Sehnsucht, Symbole der Hoffnung und der universalen Einheit. Seit je waren die Menschen fasziniert vom hellen Licht des Morgen- und Abendsterns. Was wir am Himmel sehen, das ist aber immer auch eine Wirklichkeit in uns. Der Stern ist Bild unserer Sehnsucht nach dem ganz Anderen. Wir sprechen von dem Stern, der am Horizont unseres Herzens aufgeht, wenn wir mit unserer Sehnsucht in Berührung kommen, und wir spüren, dass unser Herz weit über alles Alltägliche hinausreicht, bis in die Welt Gottes, in der wir wahrhaft daheim sind.

Anselm Grün

DAS LICHT DER ALLTÄGLICHEN DINGE

Im Licht der Sterne

Die Mondphasen, diese regelmäßigen Zeiten des Zu- und Abnehmens, ermutigen mich, in meinem Lot zu sein, mein Gleichgewicht zu finden, indem ich mich einbringe und wieder zurücknehme, indem ich mich engagiere und wieder den Rückzug in die Stille wage. Durch den Mond lerne ich die Vereinbarkeit der Grundwerte von Zuverlässigkeit und Wandel. Maria Otto schreibt: „So unstet der Mond ist, so zuverlässig ist er auch in seinem Wandel. So sehr, dass die rhythmische Ablösung seiner Erscheinungsphasen seit Menschengedenken dazu herhalten konnte, die Flut der Ereignisse zu skandieren. Der auffällige Umkehrzyklus des Mondes wurde zum frühesten Zeitmaß, er stand über dem Kalender der ältesten Völker, und das lateinische Wort *mensis* für Monat hat dieselbe Wurzel wie *mensura*, das Maß." Dank meinem Eingebundensein in Schöpfung und Kosmos kann ich maß-voll leben lernen. So zeigt mir die Wintersonnwende am 21. Dezember, dass Zeiten größter Dunkelheit und des Nullpunktes nicht das Ende sind, sondern Beginn einer neuer Lebensphase. Dass Menschen diese Lebenszusammenhänge wieder entdecken, den Einfluss der Sterne, des Mondes und der Sonne auf unsere Befindlichkeit, zeigt, wie sehr wir auf eine Rückverbindung angewiesen sind. Alle Erkenntnisse einer seriösen Astrologie tragen die Chance in sich, innere Wachstumsprozesse zu verstehen und zu deuten. Sie tragen auch die Gefahr einer unmündigen Abhängigkeit in sich. Es braucht Klugheit und eine gesunde Distanz, um sich nicht manipulieren zu lassen.

Pierre Stutz

Mitternacht

Es war spät, als ich von dem Abendtermin in meine Wohnung kam ... die Heimfahrt war anstrengend gewesen, fast auf der gesamten Strecke hatte es geregnet. Ich war froh, als ich das Auto in die Garage stellen konnte. Im Haus war schon alles dunkel. In meiner Wohnung war es kalt, ich hatte vergessen, die Heizung aufzudrehen. Ein Blick auf den Anrufbeantworter: keine Nachricht. Ich zündete eine Kerze an, holte mir in der Küche ein Bier und schaltete den Computer an ... Und dann sitze ich vor dem leeren Bildschirm – und mir fällt nichts ein. Ich fange einen Satz an und lösche ihn wieder. Ein Blick auf die Uhr: Ob man wohl noch jemanden anrufen kann? Aber um die Uhrzeit wäre es nur eine Zumutung und würde mir wahrscheinlich eher Ärger einbringen als ein gemütliches Gespräch. Fürs Bett bin ich noch zu aufgedreht, und doch ist da irgendwie eine Müdigkeit in mir.

Gedanken und Bilder des heutigen Tages ziehen an mir vorbei, halbherzig werfe ich einen Blick in den Terminkalender, was für die nächsten Tage ansteht, stehe auf, um nach Unterlagen zu suchen, finde dabei ein Buch, das der Verlag heute mit der Post geschickt hat. Ich blättere ein wenig darin, lege es wieder zur Seite ... In einem plötzlichen Entschluss schalte ich das Radio aus, fahre den Computer hinunter, knipse die kleine Schreibtischlampe aus – und stelle mich im Dunkeln ans Fenster. Nur das kleine Licht der Kerze verbreitet noch ein wenig Helligkeit. Auf der Straße ist alles ruhig, niemand ist mehr unterwegs, kein Auto fährt vorbei.

DAS LICHT DER ALLTÄGLICHEN DINGE

Und mit einem Mal höre ich die Stille. Nur eine Uhr tickt leise vor sich hin. Und diese Stille umfängt mich, legt sich wie ein liebevoller Mantel um mich, hüllt mich ein, birgt mich. Und ich gebe mich in die Stille hinein – und werde still. Die Eindrücke des Tages verblassen, die Gedanken werden weniger schnell, ich stehe einfach da und schaue – und kann die Stille hören. Unwillkürlich geht mein Blick zum Himmel hoch – weg aus der Enge der Straße. Und da leuchtet plötzlich ein Stern, und dort drüben steht die schmale Sichel des jungen Mondes. Stille erfüllt mich, Gelassenheit, es weitet sich in mir, der Atem geht ruhiger. Und da sind sie plötzlich, die uralten Worte: „Ich ließ meine Seele ruhig werden und still; wie ein kleines Kind bei der Mutter ist meine Seele still in mir" (Psalm 131). Es ist Mitternacht. Drüben an der Kirche geht die Außenbeleuchtung aus. Die Uhr im Wohnzimmer schlägt. Ich habe meinen Frieden mit diesem Tag geschlossen. Ich fühle mich aufgehoben und geborgen. Jetzt kann ich schlafen gehen.

Andrea Schwarz

Zur Ruhe kommen

Manchmal dauert es eine Weile, bis wir still werden können. Zu viele Stimmen haben wir gehört, zu viele Meinungen zur Kenntnis nehmen müssen. Die Nachrichten in den Medien verschonen uns auch heute nicht mit Schreckensmeldungen. Wieder gab es Tote und Verletzte. Wir spüren unsere Hilflosigkeit. Und eben diese Hilflosigkeit macht uns aggressiv. Oder können wir doch etwas tun, ist es uns möglich, auf irgendeine Art und Weise helfen? Gab es auch erfreuliche Nachrichten, haben wir an dem verflossenen Tag auch Schönes erlebt? Wir konzentrieren uns auf jedes gute Wort, auf jeden freundlichen Gedanken, auf jedes zärtliche Bild, das wir wahrgenommen haben. Der Druck auf unserer Seele beginnt sich langsam aufzulösen, um neuer Gelassenheit Raum zu schenken.

Christa Spilling-Nöker

Ruhe finden

Wer will das nicht: zur Ruhe kommen? Aber viele finden keine Ruhe. Sie können nicht ausruhen. Und wenn es ruhig wird um sie herum, werden sie geradezu nervös: Sie spüren, dass sie ihrer eigenen Wahrheit begegnen könnten. Das macht sie unruhig. Da laufen sie lieber vor sich selbst davon und stürzen sich in Hektik. Jesus sagt: „Die Wahrheit wird euch frei machen!" Wir könnten auch übersetzen: Nur wer es wagt, sich seiner Wahrheit zu stellen, wird Ruhe finden. Die Ruhe fängt im Innern an: „Seelenruhe bedeutet auch Ruhe für den ganzen Leib", sagt *Rabbi Halozki*. Wenn die Seele nicht zur Ruhe kommt, wird auch der Leib nicht wirklich ruhig werden, selbst wenn er rein äußerlich nichts tut. Wer ständig in Bewegung ist, der hindert seine Seele, ruhig zu werden. Ich muss auch äußerlich Ruhe geben, damit meine Seele Ruhe finden kann.

Anselm Grün

Noch heute

Heute musst du glücklich sein, heute,
nicht morgen oder übermorgen oder nächstes Jahr.
Willst du ein sicheres Mittel wissen,
um niemals glücklich zu werden?
Dann denke dauernd voller Trauer und Wehmut
an die schönen Tage, die vorbei sind, oder warte ewig
auf das Glück, das irgendwann kommen soll.
Bilde dir nicht ein, dass du erst glücklich sein wirst,
wenn du verheiratet bist, ein Haus oder ein Auto hast,
viel Geld und eine gute Position.
Wenn du heute nicht glücklich sein kannst,
meine nur nicht, dass morgen ein Wunder passiert.
Hör auf, deinen Kummer von gestern wiederzukäuen,
und mach dir keine unnützen Sorgen wegen morgen.
Du suchst dein Glück zu weit weg,
so wie wir manchmal die Brille suchen,
und dabei sitzt sie auf unserer Nase.
Das wahre Glück ist kein fantastischer Traum,
es ist nicht teuer und nicht weit weg.
Das Glück ist ganz nah, aber du musst es
erkennen und finden.
Heute blühen viele kleine Freuden
ganz in der Nähe deines Herzens und deines Hauses.
Die Kunst ist nur, sie zu entdecken
und dafür dankbar zu sein.
Ich möchte so gern, dass du glücklich wirst:
noch heute.
  Phil Bosmans

Gegenwärtig sein

Achtsamkeit ist erhöhte Aufmerksamkeit. Ein Mensch, der sich treiben lässt, der nicht bei sich ist, der in der Menge aufgeht, verliert diese Fähigkeit. Einsamkeit fördert die Achtsamkeit. *Simone Weil* hat dies so begründet: „Wer sich ganz bewusst allein der Einsamkeit stellt, wer sich nicht ablenken lässt, der befreit sich zusehends von den äußeren Einflüssen, er kommt zu sich und wird frei." Der Weg dahin, so die französische Philosophin, besteht darin, ganz im Augenblick zu sein: „Der Wert der Einsamkeit liegt in der Ermöglichung einer höheren Aufmerksamkeit!"

Der Engel der Wachsamkeit möge dich begleiten, damit du jeden Augenblick bereit bist, auf die leisen Stimmen deines Herzens zu hören und das zu tun, was gerade jetzt für dich ansteht. Ich wünsche dir den Engel der Wachsamkeit, damit du jeden Augenblick gleichsam als den letzten und wichtigsten Augenblick deines Lebens wahrnimmst, dass du ganz im Augenblick sein kannst, dass du ganz gegenwärtig bist. Es ist eine Kunst, gegenwärtig zu sein. Ich mache mich frei von dem ständigen Urteilen und Nachdenken über die Vergangenheit und frei von der Angst um die Zukunft. Das ist nicht einfach.

Es braucht Übung, bis ich die Gedanken an die Vergangenheit und Zukunft lassen kann und mich völlig dem gegenwärtigen Augenblick widme. Es braucht eine innere Freiheit, um gegenwärtig zu sein. Aber wenn es mir gelingt, dann empfinde ich wirkliches Leben. Dann ist jeder Augenblick kostbar. Ich bin ganz präsent.

Anselm Grün

DAS LICHT DER ALLTÄGLICHEN DINGE

Kraft des Augen-Blicks

Ich spaziere nach einem Vortrag durch die Wiesen. Ein Mädchen kommt mir mit dem Fahrrad entgegen, zeigt himmelwärts und fragt mich: „Hörst du die Musik?" Erstaunt schaue ich mir den blauen Himmel an und erwidere: „Ich höre nur ein Flugzeug!?" Das Mädchen lässt sich durch meine Skepsis nicht beirren und antwortet: „Der Himmel ist die Musik!" Im selben Moment erinnere ich mich an die Worte des amerikanischen Mystikers *Thomas Merton*, der sich um 1960 für den Frieden in Vietnam engagiert hat: „Ich will mich also aufmachen, weil der Himmel mein Gebet ist, die Vögel mein Gebet sind, der Wind in den Bäumen mein Gebet ist."

Kinder und Jugendliche sind mir schon oft zu spirituellen Lehrmeister(inne)n geworden. Sie zeigen mir, dass sich das Authentische, das Wesentliche unaufhaltsam durch die Jahrhunderte erneuert. Dazu braucht es die Offenheit der Kraft des Augen-Blicks, der Kraft, der Leere zu trauen. Wir brauchen Leer-Räume, um uns voll Hoffnung und Widerstandskraft dem Leben in seiner ganzen Faszination und Widersprüchlichkeit stellen zu können.

Wir brauchen Schweige-Räume, um Distanz zu schaffen zu den Ereignissen: die Augen schließen, um klarer zu sehen: „Man macht Fenster und Türen für das Haus, doch erst durch ihr Nichts in den Öffnungen erhält das Haus seinen Sinn. Somit entsteht der Gewinn nicht durch das, was ist, sondern erst durch das, was nicht da ist" (Lao Tse).

Pierre Stutz

Mich vergessen

Da sein
Raum und Zeit sind wie aufgehoben
Momente des Glücks
bewohnen mich ganz

Mich vergessen
in der Hingabe an das Leben
Minuten des Glücks
erfüllen mich zutiefst

Miteinander eintauchen
in die Kraft der Ewigkeit
Stunden des Glücks
verbinden mich mit allem Sein
Pierre Stutz

Ebbe und Flut

Lebenserfahrene, weise Menschen wissen um beide Seiten
des Lebens – sie wissen um den Rhythmus des Lebens, um
Höhen und Tiefen, dunkle und helle Stunden, und darum,
dass beides seinen Ort und seine Zeit hat. Auch darauf deu-
tet das Wort von *Teresa von Ávila* hin: „Wenn Rebhuhn,
dann Rebhuhn, wenn Fasten, dann Fasten!" Im Leben des
Menschen gibt es beides: Zeiten des Rebhuhns und Zeiten
des Fastens. Und beides will leidenschaftlich gelebt sein. Das
Wissen um einen solchen Rhythmus des Lebens kann eine

DAS LICHT DER ALLTÄGLICHEN DINGE

gewisse Gelassenheit mit sich bringen. Mein Lachen kennt die Tränen, meine Narben erinnern an die Schmerzen, mein Mut weiß um die Angst, meine Träume erzählen von dem, was nicht ist. Das Gestern und das Morgen, das Dunkle und das Helle, das Schöne und das Schwere im Heute leben – und das in einer Leidenschaftlichkeit, die aus der Gelassenheit kommt.

Andrea Schwarz

Alles hat seine Zeit

„Alles hat seine Zeit" schreibt der bekannte Prediger Salomo im Alten Testament: „Eine Zeit zum Gebären und eine Zeit zum Sterben, eine Zeit zum Pflanzen und eine Zeit zum Ernten." Alles hat seine Zeit. Wir brauchen Zeit, um Verlorenem nachtrauern zu dürfen, denn erst dann können wir uns dem Leben in all seiner Freude und Vielfalt wieder stellen. Wir brauchen Zeit, bis wir etwas Neues von uns in das Leben hineingeben können. Aber wir dürfen nicht erwarten, dass sich aus unseren augenblicklichen Gedanken und lebendigen Impulsen zwingend von jetzt auf gleich etwas überraschend Neues entwickelt. Manchmal brauchen wir viel Geduld, bis wir erfahren dürfen, dass sich all unsere Mühe letztendlich doch gelohnt und unser Leben mit dem Gefühl von Sinn erfüllt hat.

Christa Spilling-Nöker

Im Spiel

Beim Spielen schaffen wir eine eigene Welt, wir erfinden unsere Welt neu, und wir schöpfen durch diese Auszeit auch neue Kraft, die Welt zu verändern. Beim Spielen vergesse ich mich, ich verliere das Gefühl für die Zeit, ich bin ganz bei mir und zugleich intensiv mit anderen zusammen. In diesen Worten klingen für mich zentrale mystische Motive an – wie es mir überhaupt immer wieder darum geht, das große Wort „Mystik" hineinzuholen in all unsere Lebensvollzüge, besonders auch ins Spielen, Lachen, Bewegen. In dem wunderbaren Film „Billy Elliot" finde ich eine der schönsten Umschreibungen, was Spiel – beziehungsweise: was Mystik ist. Der kleine Billy tanzt beim Royal Ballett vor, dabei ist er wie beim Spielen ganz in seinem Element. Als ihn jedoch das Expertenteam fragt, was er dabei spüre und fühle, ist der Junge völlig verlegen. Es fehlen ihm die Worte, dann stammelt er: „Am Anfang bin ich noch steif. Dann tanze ich einfach und ich vergesse mich immer mehr und es ist, wie wenn ich verschwinden würde ... es ist, wie wenn Elektrizität oder Feuer meinen ganzen Körper durchdringt. Dann bin ich voll da und ganz weg."

Das ist Mystik: voll da sein, sich vergessen und aufgehen in einem größeren Ganzen. Ich bin überzeugt, dass wir alle solche intensiven Lebensmomente kennen. Niemand kann diese Momente festhalten. Beim Spiel können wir erleben, wie unsere Zeitdimension wie aufgehoben erscheint und wir einfach da sind und voll weg von all unseren Alltagssorgen. Das ist eine persönliche und zugleich zutiefst gemeinschaftliche Erfahrung. Unsere Seele sehnt sich nach einfachen Spielen, in denen wir uns neu begegnen können, in denen herzhaftes Lachen uns geschenkt ist – und in denen wir mit dem Lebensthema „gewinnen und verlieren" konfrontiert sind. Sogar beim Spielen sind wir Teil eines Ganzen, und bei aller Leichtigkeit kann es auf einmal sehr ernst werden! Wenn Kinder spielen, dann spielen sie „die ganze Welt", all ihre Erlebnisse, das Schöne und Lustvolle, das Traurige und Ungerechte findet im Spiel seinen Ausdruck. Dies gilt auch für uns, wenn wir beim Spielen unsere gut eingespielten Rollen und Masken ablegen und unser wahres Gesicht zeigen.

In sich selber
das Kleine in die Mitte stellen
es kraftvoll in den Armen hochhalten
das Spielerische im Leben neu entdecken
in die Schwingung des Lebens mich einlassen
im Dasein
im Zuhören
im Mitsein

Das Königskind in jedem Menschen entdecken
einmalig
geheimnisvoll
verletzlich
verwandlungsfähig

Ein Leben lang
einfach spielerisch bleiben
Pierre Stutz

Gedanken voller Sonne

Weißt du, dass dein Glück großenteils davon abhängt, an was du denkst? Denke niemals: Ich habe sowieso keine Chance. Ich werde wieder krank werden. Mir geht alles daneben. Ich bin verloren. Wenn du so denkst, ziehst du wie ein Magnet Unglücke und Schicksalsschläge an. Sorge für gute, erfrischende, optimistische Gedanken, für Gedanken voller Sonne. Gedanken voller Sonne verzehnfachen deine Verstandeskraft und deine Willensstärke und machen aus dir einen glücklichen Menschen.

Phil Bosmans

„Wende dein Gesicht zur Sonne ..."

Es ist natürlich nichts dagegen einzuwenden, wenn man nicht ständig als griesgrämiger Pessimist durch die Gegend läuft, sondern dann und wann auch in dunklen Erfahrungen etwas Gutes zu entdecken sucht. Es könnte sich allerdings verhängnisvoll auswirken, wenn man einem Menschen, der in einer tiefen Depression steckt, ermuntern wollte, Positives in seiner Situation zu entdecken. Wohl dem, der in solch einer Phase Menschen findet, die ihn still begleiten, bis er eines Tages von sich aus wieder Spuren der Zuversicht zu erkennen vermag. Erst dann mag ein äthiopisches Sprichwort zum Glück neuer Lebensfreude bewegen: „Wende dein Gesicht zur Sonne, denn dann fallen die Schatten hinter dich."

Christa Spilling-Nöker

Licht und Wärme

Licht und Wärme lassen uns aufleben. Stellen Sie sich an einem schönen *Frühlingstag* in die Natur. Schließen Sie die Augen. Öffnen Sie die Hände zur Schale und versuchen Sie, ganz im Augenblick zu sein. Spüren Sie die Sonne, die auf Sie scheint. In ihren Strahlen dringt Gottes Liebe in Sie ein. Spüren Sie den Wind, der Sie zärtlich streichelt. Öffnen Sie die Augen und schauen auf das Leben, das um Sie herum aufblüht. Stellen Sie sich vor, dass dieses Leben auch in Ihnen ist. Nehmen Sie dieses Leben in sich und um sich herum mit allen Sinnen einfach nur wahr. Wenn Sie für ein paar Sekunden ganz gegenwärtig sind, ohne Gedanken und Überlegungen, sondern einfach nur im Sein, dann wissen Sie, was Leben ist. Dann berühren Sie das Leben.

Wenn Sie im *Sommer* morgens durch eine taufrische Wiese wandern, dann fühlen Sie sich frischer und lebendiger. Ihr ganzer Leib wird erfrischt, wenn Sie barfuß durch die Wiese laufen. Der Tau lädt uns auch dazu ein, die Wiese einfach anzuschauen und über das Spiel des Lichtes in den Tropfen zu staunen. Es ist etwas Unberührtes. Wir scheuen uns, dieses Geheimnisvolle zu zerstören. Es lädt ein, einfach zu schauen, zu betrachten, zu staunen. Der Sommermorgen lässt die Seele wieder froh werden.

Lust am Leben, das kann auch heißen, dass ich durch einen *herbstlichen Wald* wandere und mit allen Sinnen wahrnehme, was sich mir da anbietet. Ich schaue dem Spiel des Lichtes zu, wie die Sonne durch den Laubwald hindurchscheint und die grünen und bunten Blätter in farbigem Licht aufleuchten lässt. Ich lasse die milden Sonnenstrahlen in meine Haut dringen. Ich rieche den Geruch des Waldes, der alle Augenblicke wechselt. Da habe ich Lust am Leben, da koste ich den Geschmack des Lebens.

Für mich ist das milde Herbstlicht immer ein Bild für einen Menschen, der auf sich selbst, auf seine Fehler und Schwächen, aber auch auf die Menschen und ihre Menschlichkeiten mit einem milden Blick sieht. Mit seinem milden Blick taucht ein solcher Mensch seine eigene Wirklichkeit und die der Menschen um sich herum in ein mildes Licht. Ich kenne alte Menschen, von denen so eine Milde ausgeht. In ihrer Nähe bin ich gerne. Mit ihnen unterhalte ich mich gerne. Da geht eine Erlaubnis aus, dass ich so sein darf, wie ich bin, und eine Zustimmung: „Es ist doch alles gut." Altersweisheit ist wie ein mildes Licht, das auf unser Leben fällt. In diesem milden Licht wagen wir, unser Leben anzuschauen, wie es ist.

Anselm Grün

Leben mit allen Sinnen

Die Welt ist voller Geheimnisse und Wunder: Die Natur ist reich an den herrlichsten Farben und Düften, ja schon die intensive Betrachtung einer einzelnen Blume kann das Herz dazu beleben, auch im Inneren Neues wachsen und blühen zu lassen. Wer die Schönheit der Welt mit allen Sinnen zu erfassen vermag, den treibt es auch dazu, sein erfahrenes Glück anderen zu vermitteln und es dadurch zugleich mit anderen zu teilen.

Christa Spilling-Nöker

Staunen

„Herr, gib mir Sonne, eine Blume, ein Lächeln, die Augen eines Kindes. Herr, gib mir Freude." Steig mit diesem Gebet jeden Morgen aus deinem Bett. Mach kein so schrecklich ernstes, zerfurchtes Gesicht. Ich weiß, du hast eine Menge Probleme. Aber blase sie nicht noch weiter auf zu schwarzen Wolken, die den ganzen Himmel verdunkeln. Bitte um die Augen und um das Herz eines Kindes, das über den Rasen jauchzend zu einer Blume läuft, das einen kleinen Fisch im Wasser anstaunt und fragen kann, wer die Sterne am Himmel anzündet. Du musst wieder staunen können, begeistert sein über tausend gute Dinge, die dich jeden Tag umgeben.

Phil Bosmans

Mit dem Herzen sehen

Lebenskunst besteht darin, mit dem Herzen zu sehen. Nur wenn ich mit dem Herzen sehe, begegne ich in der Blume der Schönheit ihres Schöpfers. Nur dann empfinde ich beim Anblick eines Baumes die Sehnsucht, so in meine Gestalt hineinzuwachsen und so aufzublühen, dass andere in meinem Schatten Geborgenheit und in meiner Nähe Trost finden. Nur das Herz sieht in allem die Spuren jener letzten Wirklichkeit und Gewissheit, die mich aus dem Antlitz jedes Menschen und aus jedem Stein und jedem Grashalm anblickt, um mir zu sagen: „Du bist geliebt. Die Liebe umgibt dich in allem, was du siehst."

Anselm Grün

Die alltäglichen Wunder sehen

Hildegard von Bingen, die große Mystikerin des 12. Jahrhunderts, hat mein Sehen wesentlich bereichert. Ihre Worte „Gott atmet in allem, was lebt" haben meine Augen geöffnet für die alltäglichen Wunder, die sich vor allem in der Schöpfung ereignen. Ich nehme Zusammenhänge wahr, die ich früher übersehen habe. Mein Sehen wird dann zum dankbaren Staunen, wenn ich mir bewusst werde, wie der göttliche Lebensatem mich mit allem, mit der Schöpfung und dem Kosmos verbindet. Die Bilder in der Natur werden mir zum Symbol (*symballein* = zusammentreffen/bewegen, was entfernt war). Denn ich bin nie Einzelne oder Einzelner, sondern immer Teil eines Ganzen. Das bewusste Ein- und Ausatmen eröffnet mir unendliche Lebensräume. Wenn ich mich freue an einer Blume, an einem Stein, einem Baum, einem Käfer, einem Stern, einem Acker, einem Grashalm und dadurch vermehrt in Einklang mit mir selber bin, gestalte ich aktiv mit am Versöhnungsprozess auf der ganzen Welt.

Staunen lerne ich, wenn ich langsamer werde – was für eine Anstrengung! Es soll mich nicht überraschen, dass das Wahrnehmen des Augenblicks für uns Menschen ganz schwierig geworden ist. Beim Staunen – vielmehr: bei der Schwierigkeit, wirklich staunen zu können –, begegne ich einem ganzen gesellschaftlichen Lebenskonzept, das sich durch Höchstleistung und Schnelligkeit definiert. Es ist wichtig, diese politischen Zusammenhänge zu sehen, um mich einerseits zu entlasten und andererseits mit Entschiedenheit die Langsamkeit in meinem Leben zu entfalten, Schritt für Schritt.

Staunen lerne ich, wenn ich heute nicht weiterkommen muss, sondern immer wieder innehalte und verweile. Staunen lerne ich, wenn mein Spaziergang heute kein Ziel hat, sondern der Weg, das achtsame Gehen das Ziel ist.

Staunen lerne ich, wenn ich mich nicht mit einem ersten Blick begnüge, sondern einübe, hinter die Wirklichkeit zu schauen. In diesem Frühling stehe ich zum Beispiel mehrmals die Woche eine halbe bis eine Stunde bei unserem Rapsacker. Ich komme sehr weit im Stehenbleiben. Am selben Ort sehe ich immer mehr, höre ich immer mehr, rieche ich immer mehr; eine wahre Wohltat für meine Seele! Das Wesentliche ist schon da. Es wird erfahrbar, wenn ich durch die Langsamkeit die vielen unscheinbar-großen Wunder der Schöpfung genieße.

Staunen lerne ich, wenn ich auf meinen Atem achte, auf mein ganzes Leibsein. Staunen bis in die Zehenspitzen braucht viel Aufmerksamkeit und Zeit. Die Natur, die Schöpfung vor allem ist der Ort des Staunens. Ich staune über ihre wunderbare Schönheit; aber da ist auch das Staunen, das mich zum Entsetzen führen kann über all die lieblose Ausbeutung unserer Lebensgrundlage.

Staunendes Sehen einüben heißt darüber hinaus auch, jedem Menschen Verwandlung zuzugestehen, indem ich versuche, ihn oder sie mit den liebevollen Augen eines Schöpfers für sein Geschöpf anzuschauen, weil er oder sie weit mehr ist, als ich mit meinen Augen wahrnehmen kann.

Pierre Stutz

Jeder Tag ein Leben für sich

Jeder Tag ist ein Geheimnis, ja ein ganzes Leben für sich. Er kündet sich mit den ersten Sonnenstrahlen am Morgen an und schenkt uns in der vor uns liegenden Zeit die Möglichkeit, uns selbst und die Welt wieder neu zu entdecken. Natürlich wartet meistens eine ganze Reihe von Pflichten auf uns, die wir erfüllen müssen. Aber selbst in solchen anstrengenden Stunden lassen sich immer wieder Augenblicke entdecken, in denen etwas Unerwartetes geschieht, das uns schmunzeln oder gar lächeln lässt. Es kommt auf unsere eigene innere Einstellung an, ob wir auch die kleinen Erlebnisse in der Alltäglichkeit als Bereicherung und lohnende Erfüllung unseres Lebens wahrnehmen können.

„Warum haben Engel Flügel? Weil sie sich leicht nehmen", formulierte einmal der Kirchenvater Augustin. Was für ein faszinierender Gedanke, wenn wir uns vorstellen, dass in jedem von uns, neben allen dunklen und anstrengenden Seiten, auch ein Engel steckt. Dass uns also auch eine innere Kraft verfügbar ist, uns nicht von Missgeschicken oder gescheiterten Vorhaben lange niederdrücken zu lassen. Als besonders glücklich ist wohl der Mensch zu schätzen, dem eine Portion Humor mit in seine Wiege gelegt worden ist. Ihm wird es umso leichter fallen, enttäuschenden Erfahrungen mit Selbstironie und Witz zu begegnen und ihnen damit die erdrückende Schwere zu nehmen. Aber ein wenig kann es ein jeder tagtäglich üben, die inneren Flügel Stück für Stück wachsen zu lassen.

Christa Spilling-Nöker

Ermutigung

heimatlos
bewegt
aufgewühlt
umgetrieben
sehnsüchtig

sich beschenken lassen von
der Distel am Wegrand
dem Lachen des Kindes
dem Schrei des Falken
dem Rot der Hagebutten

einen Moment lang
Heimat finden

im Sein
Andrea Schwarz

Dankbar

am neuen Morgen

ziehenden Wolken nachschauen
und dem Flug der Stare
die Kirchturmuhr schlagen hören
und Türeklappern im Haus

den Hagebuttenzweig
zart berühren
und dem wilden Wein
Guten Morgen sagen
die Wärme des Holzes spüren
und die Sanftheit des Wassers

und ich spüre
staune
bin

und
traue deiner Treue
wenn mich
Dunkelheit umfängt
  Andrea Schwarz

Engel der Dankbarkeit

Der Engel der Dankbarkeit schenkt dir neue Augen, um die
Schönheit in der Schöpfung bewusst wahrzunehmen und
dankbar zu genießen, die Schönheit der Wiesen und Wäl-
der, die Schönheit der Berge und Täler, die Schönheit des
Meeres, der Flüsse und Seen. Du wirst wahrnehmen, dass
dich in der Schöpfung der liebende Gott berührt und dir
zeigen möchte, wie verschwenderisch er für dich sorgt. Du
wirst sehen, wie du alles in einem andern Licht erkennst, wie
dein Leben einen neuen Geschmack bekommt.
  Anselm Grün

Morgen- und Abendlicht

Wenn sich das erste Licht am Himmel zeigt und die Vögel ihr Morgenkonzert anstimmen, dann beruft uns das Leben dazu, in einen neuen Tag aufzustehen. Zahlreiche Stunden breiten sich erwartungsvoll vor uns aus, um von uns mit unserer Fantasie und unseren schöpferischen Einfällen gestaltet zu werden. Noch ist alles möglich, um die Zeit nicht totzuschlagen, sondern sie lebendig zu füllen. Jeder Tag ist ein einzigartiges, niemals wiederkehrendes Geschenk. Wir können kein Gestern wiederholen, auch wenn wir uns das manchmal wünschen.

Wenn sich am Abend die Dämmerung über Stadt und Land neigt, um der blauen Stunde ihre Zeit zu schenken, dann darf man die Arbeit mit gutem Gewissen aus der Hand legen und versuchen, mit sich selbst zur Ruhe zu kommen. In solchen Stunden entsteht innerlich Raum dafür, den verflossenen Tag noch einmal in Gedanken durchzugehen. Welchen Menschen ist man begegnet, was hat Mühe und Anstrengung gekostet, von wem hat man ein ermutigendes Wort gehört? Was hat man selbst gesagt und der eigenen Einschätzung nach richtig gemacht, was war unschön, was hat man versäumt? Solche Stunden der Einkehr helfen, die Richtschnur zu finden für den kommenden Tag.

Manchmal mag uns der sich ständig in seinem faszinierenden Farbenspiel verwandelnde Abendhimmel zu stiller Betrachtung einladen. Manches, was uns an dem verflossenen Tag erregt und bewegt hat, wartet darauf, von uns verabschiedet zu werden, damit wir die Nacht mit leichtem Gepäck beginnen können. Der Glanz des Himmels sucht mehr und mehr seinen Spiegel in unserer Seele, um uns ahnen zu lassen, dass wir keine verlorenen Einzelwesen, sondern ein Teil des Ganzen sind. So wie die Sonne schließlich am Horizont versinkt, dürfen auch wir selbst zur Ruhe kommen und den Tag in innerem Frieden beenden.

„Weißt du, wie viel Sternlein stehen, an dem hohen Himmelszelt?" Wie viele Sterne nun wirklich am Himmel stehen, können uns nicht einmal die Astronomen genau sagen. Aber darauf kommt es auch nicht an. Umso mehr mögen uns diese Worte dazu ermutigen, einmal wieder in Ruhe den sternenreichen Nachthimmel zu betrachten. Wie viele Lichter leuchten uns, um die Dunkelheit zu erhellen und uns zum Träumen einzuladen. Vielleicht gibt es einen Stern, der in dieser Nacht nur für uns am Himmel steht, oder einige Sternschnuppen, die uns ermutigen wollen, unseren sehnlichsten Wunsch gerade in diesem Augenblick zum Himmel aufsteigen zu lassen.

Wenn man sich von dem himmlischen Leuchten der Sterne berühren lässt, ahnt man vielleicht, dass sich das Geheimnis des Weltalls in seiner grenzenlosen himmlischen Fülle in der eigenen Seele einen Spiegel sucht.

Christa Spilling-Nöker

Der *Schein* im Auge des Nächsten

Einander Licht sein

In der Begegnung mit einem anderen
entdecke ich mein wahres Wesen
und ich entdecke das Geheimnis des anderen,
in dem mir Gottes Antlitz aufleuchtet.
Anselm Grün

Wenn du dich deinem Nächsten zuwendest,
dann wird dein Licht hervorbrechen
wie die Morgenröte.
Weisheit der Bibel

Der Engel des Lichtes

Ich wünsche dir, dass der Engel des Lichtes deine Seele immer mehr erleuchtet, dass das Licht in die finsteren Schluchten deines Inneren eindringt und sie durch seinen Strahl verwandelt in bewohnbare Räume.

„Wenn dein ganzer Körper von Licht erfüllt und nichts Finsteres in ihm ist, dann – so sagt Jesus – wird er so hell sein, wie wenn die Lampe dich mit ihrem Schein beleuchtet" (Lukas 11,36).

Dein ganzer Leib wird dann Licht ausstrahlen. Du wirst wie mit einem Schein umhüllt, mit einer hellen und angenehmen Aura umgeben sein. Wenn du Licht geworden bist, dann wirst du selbst zum Engel des Lichts für andere werden.

Anselm Grün

Augenblicke

Einen Augenblick lang, einen Moment nur, trifft sich der Blick. Man sieht und wird gesehen. Einen Herzschlag kurz Erkennen – und vorbei. Und doch ist irgendwas anders geworden. Ein Augenblick, von Mensch zu Mensch, zwischen Menschen, von mir zu dir, von dir zu mir …

Einen Augenblick lang sieht man mit dem Herzen und sieht den Menschen.

Einen Augenblick lang erahnt man im anderen die abgrundtiefe Einsamkeit, den stillen Mut, die sich überfordernde Hingabe, die Sehnsucht nach Ruhe, die Sorge, die zermürbende Angst, das leise Glück, die Nervosität, die laute Geschäftigkeit, die bangende Hoffnung, die zweifelnde Frage. Einen Augenblick lang sieht man auf den Grund und ahnt. Und man wird im Grunde gesehen und weiß ...

Und vorbei.

Und doch – irgendwas ist anders geworden. Durch einen winzigen Augenblick ...

Andrea Schwarz

Heitere Menschen tun gut

In der Nähe eines heiteren Menschen kann man sich nicht über den Weltuntergang unterhalten. Da kann man sich nicht in einem Jammern über die Zustände dieser Welt ergehen. Der Heitere verschließt die Augen nicht vor der konkreten Situation dieser Welt. Er verdrängt das Dunkle nicht. Aber er sieht alles aus einer anderen Perspektive heraus, letztlich aus einer Perspektive des Geistes, der auch die Finsternis durchschaut, bis er auf den leuchtenden Grund Gottes darin stößt.

Anselm Grün

Von Herzen fröhlich sein

Menschen, die Freude im Herzen haben, sind fröhliche Menschen. Sie können sich an den kleinsten Dingen im Alltag freuen. Bei ihnen kann der Duft einer Tasse frischen Kaffees oder der Regenbogen am Himmel das Gefühl von

Freude hervorrufen. Eine angenehme Musik aus dem Radio verlockt sie auch an den düstersten Tagen, soweit es möglich ist, die Alltagsarbeit zu unterbrechen und zu tanzen. „O Mensch, lerne tanzen, sonst wissen die Engel im Himmel nichts mit dir anzufangen" (Augustinus). Dabei brauchen wir nicht auf ein fernes Jenseits zu warten. Wer vor Freude lachen, singen und tanzen kann, der erlebt den Himmel schon hier auf Erden.

Christa Spilling-Nöker

Mensch, ich hab dich gern

Du kannst nicht leben ohne Menschen, die dich mögen, Menschen, die dir von Zeit zu Zeit unaufgefordert zu verstehen geben: Mensch, ich hab dich gern. Das ist von größter Bedeutung in der Ehe. Das ist eine Lebensnotwendigkeit für ein Kind. Eine Quelle des Glücks für einen alten Menschen. Ein Stück Gesundheit für einen kranken Menschen. Ein stiller Trost für einen einsamen Menschen. Es müssen nicht teure Aufmerksamkeiten sein. Geschenke können auch dazu missbraucht werden, um Menschen zu betäuben, dass keine Liebe mehr da ist. Wahre Liebe findet tausend Wege zum Herzen des Mitmenschen, Wege, auf denen du dich selbst verschenkst, gratis. Du kannst nicht leben ohne Menschen, die dich mögen. Sieh mal nach, ob vielleicht in deiner Umgebung, in deiner nächsten Nähe Menschen in der Kälte stehen, die ohne deine Liebe nicht leben können. Du hältst ein Stück von ihrem Glück in deinen Händen.

Phil Bosmans

Das einzig Wichtige auf der Welt

Das ist herrlich: Mensch sein, leben.
Einfach Mensch sein, in die Luft schauen,
nach der Sonne, nach den Blumen
und in der Nacht nach den Sternen.
Einfach leben, gut sein, nicht alles haben wollen,
nicht neidisch sein, nicht jammern und klagen,
helfen, mittun, trösten, einen Kranken besuchen,
da sein, wenn einer dich braucht,
sich für ihn abmühen, und das alles,
nicht weil du musst, sondern weil es dir gefällt,
weil du Mensch bist, Mitmensch, weil du lebst.
Kennst du die Gefahr, die in dieser Zeit droht?
Man steht unter Druck. Man ist überlastet.
Man vergisst, dass die Schönheit des Lebens
in den Augenblicken liegt, da man nicht rechnet,
da man einfach Mensch ist, da man einfach zufrieden lebt.
Die Menschen leben immer länger,
aber nicht immer fröhlicher.
Sie meinen noch immer, das sei das Glück des Menschen:
viel haben, gut versorgt sein, lange leben.
Wehre dich. Du bist keine Maschine, du bist mehr
als deine Funktion, deine Position, deine Arbeit.
Du bist an erster Stelle Mensch,
um zu leben, um zu lachen, um zu lieben,
einfach: um ein guter Mensch zu sein.
Und das ist das einzig Wichtige auf dieser Welt.
  Phil Bosmans

Hingabe leben

Hingabe leben
weil ich weiß
dass ich angenommen bin
und liebenswert
auch in all meiner Zerbrochenheit
Ja sagen zu meiner Geschichte
ich habe keine andere
trotz allem konnte
unendlich viel Gutes wachsen
auch in allem Verletztsein
Nicht Vergangenem nachtrauern
und nicht von Zukunftssorgen
mich bestimmen lassen
sondern im Augenblick
Licht und Schatten annehmen
Aufatmen
weil ich mich lassen kann
dir überlassen
   Pierre Stutz

Schön bist du, mein Geliebter, verlockend.
Frisches Grün ist unser Lager,
Zedern sind die Balken unseres Hauses,
Zypressen die Wände.
   Hoheslied 1

Zart

sanftes Hauchen
leises Raunen
zartes Schmeicheln
lindes Streicheln

unwiderstehlich
verzaubernd
anmutig
verführend

knospende Blüte am Zweig
lockender Ruf eines Vogels
schmale Sichel des Mondes
raunendes Flüstern des Windes

mich
ganz zart
berühren lassen
von dir
  Andrea Schwarz

Liebende sind wie Engel

Jeder von uns kann sich vermutlich noch an seine erste Liebe
erinnern und damit zugleich an die gespannte Erwartung,
die damit verbunden war: Was ziehe ich an, sehe ich gut aus,
werde ich so gefallen? Und dann der hundertfache Blick auf

die Uhr, die Qual der sich zäh dahinziehenden Stunden, bis der entscheidende und mit Herzklopfen erwartete Augenblick des Rendezvous endlich gekommen war. Ein Mensch, in dessen Herzen die Liebe zur Lebenshaltung geworden ist, kann allem, was auf ihn zukommt, mit positiver Spannung und Neugier entgegensehen. Jeder neue Tag birgt für ihn einen Hauch von Abenteuer in sich.

Wer einen anderen Menschen liebt, der möchte am liebsten die ganze Welt umarmen. Das Herz läuft ihm über vor Freude und Glück, und die Augen sehen alles, was bisher grau erschien, in einem farbigen Glanz. Wer liebt, fühlt sich wie verwandelt, sein Herz wird weit und gütig – auch für die Menschen, mit denen er zu tun hat. Er ist geduldiger mit sich und den anderen. Alles geht leichter, weil die Liebe ihm im Inneren Flügel wachsen lässt. Manchmal denke ich: Liebende sind wie Engel, sie ahnen im Licht ihrer Liebe etwas von der schwebenden Leichtigkeit und dem Glanz einer heilvollen und gesegneten Welt.

Der Dichter *Luciano de Crescenco* hat den schönen Satz geprägt: „Menschen sind Engel mit nur einem Flügel. Wenn sie fliegen wollen, müssen sie sich umarmen." Was für ein wundervoller Gedanke: das Vertrauen zueinander, die Umarmung unserer Körper, die Verbundenheit unserer Seelen, die Nähe unserer Herzen lassen uns leicht werden. Im Miteinander können wir zart sein, vermögen wir dem Wesentlichen auf den Grund zu gehen und die spirituelle Tiefe unseres Daseins wahrnehmen. Da öffnet sich uns der Himmel in uns selbst.

Christa Spilling-Nöker

Im Feuer der Liebe

Die Gottesliebe verbindet in uns die zärtliche Liebe des Kindes mit der begehrenden Liebe von Mann und Frau. Sie integriert in unsere Liebe alle Kräfte unseres Leibes und unserer Seele: die Aggression und die Sexualität, die Zärtlichkeit und Lauterkeit, die Freundesliebe, die sich freut über den Freund, die begehrliche Liebe, die sich nach dem Geliebten sehnt, und die reine Liebe, die Agape, die göttliche Liebe. Der Prophet Jesaja spricht von Seraphim, die über dem Thron Gottes stehen. Seraph heißt der Brennende, der in Flammen Stehende. Einer der Seraphim fliegt zum Propheten und berührt mit einer glühenden Kohle seinen Mund. Er brennt ihn gleichsam rein von seiner Schuld. Gott selbst ist das Feuer, das uns von aller Schuld reinigt, das alles in uns ausbrennt, was sich seiner göttlichen Liebe widersetzt. Im Himmel wird sich unsere Liebe nicht mehr auf einen einzigen Menschen richten, sondern auf alle. Alles in uns wird Liebe sein. Die Liebe, die hier oft genug vermischt ist mit Besitzansprüchen und Machtbedürfnissen, mit Aggression und mit dem Drang zu verletzen, wird in reine Liebe verwandelt. Unsere Liebe wird teilhaben an der göttlichen Liebe, sie wird aus der ungetrübten und unerschöpflichen Quelle der Liebe Gottes strömen. Was für unser Leben nach der Auferstehung gilt, ist aber schon Verheißung für unser irdisches Dasein. Wenn der Engel eintritt in unser Leben, dann wird er unsere begrenzte und oft genug getrübte Liebe durch das Feuer der göttlichen Liebe läutern. Dann werden wir auf einmal in uns eine Liebe spüren, die einfach nur strömt, die Licht bringt in unser Leben und zugleich in das Leben anderer Menschen. Und zugleich werden wir in dieser Liebe Gott selbst erfahren. Wir werden verstehen, was Johannes in seinem Brief meint, wenn er schreibt: „Gott ist Liebe, und wer in der Liebe bleibt, der bleibt in Gott, und Gott bleibt in ihm" (1. Johannesbrief 4,16).

Anselm Grün

Die spirituelle Kraft des Erotischen

Die spirituelle Kraft des Verliebtseins weist über uns hinaus auf unsere tiefe Sehnsucht nach dem Göttlichen. Wir erleben sie auch im lustvollen, verantwortungsvollen Gestalten unserer Sexualität. Sie ist eine Quelle für die Erfahrung des Erotischen, für Kreativität und für die Fähigkeit, uns mystische Erfahrungen schenken zu lassen (Wunibald Müller). Das Verliebtsein schenkt mir das Spielerische im Leben und fordert mich heraus, auf meine Projektionen zu achten. Kein Partner, keine Partnerin auf dieser Welt kann all meine Sehnsüchte stillen. Die erotische Kraft des Verliebtseins findet sich in vielen Dimensionen mit vielen Menschen, ich finde sie in der Musik, in der Schöpfung, im Staunen über die Geburt eines Kindes, im Schreiben, im Aufgehen in einem Projekt, im herzhaften Lachen, im Spielen mit der ganzen Familie und sogar im Begleiten einer Sterbenden, im Lächeln, das nach dem Tode bleibt – es sind Glücksmomente, die ich nicht festhalten kann, die mir aber in der Tiefe für immer bleiben.

Pierre Stutz

Das Segel ist die Liebe

ein Ahnen spüren
der Sehnsucht
Raum geben

meinen Namen hören
und plötzlich wissen
jetzt

ich geb
mich der Kraft

verlier mich
ans Unterwegssein

und find mich
auf hoher See

und
in den Wind gestellt

und werde unendlich
beheimatet
Andrea Schwarz

Zärtlichkeit genießen

Von dem Augenblick unserer Geburt an brauchen wir Zärtlichkeit. Wenn wir als Säugling geschrien haben, wurden wir von unseren Eltern auf den Arm genommen und liebkost, bis wir uns durch die Wärme ihres Körpers beruhigt hatten und in dem Gefühl von Geborgenheit einschlafen konnten. Mittlerweile sind wir erwachsen geworden, aber das Bedürfnis nach Streicheleinheiten ist geblieben. Uns ist wohl zumute, wenn uns ein lieber Mensch in die Arme nimmt oder wenn wir mit unserem Partner schmusen und kuscheln können. Berührung ist ja nicht nur ein körperlicher Vorgang, sondern dringt, wenn wir sie zulassen können, bis in unser Herz und wärmt uns durch und durch.

Christa Spilling-Nöker

Ein Stückchen Himmel

Zusammen leben ist nicht so leicht,
auch dann nicht, wenn man einander liebt.
Mach dir keine Illusionen. Du wirst dich selbst
und den anderen niemals ganz begreifen.
Der andere wird Dinge tun, von denen du sagst:
Wie ist das möglich!
Manchmal wirst du dir selbst ein Rätsel sein
und denken: Wie konnte ich nur so etwas tun!
Am Anfang trägt man einander auf Händen,
voller Begeisterung und ohne Sorgen.
Dann geht es darum, dass man sich verträgt,

und am Ende muss man um die Liebe kämpfen.
Nach jeder Auseinandersetzung erlebt man
das Wollen und doch nicht Können,
die Ohnmacht und den Schmerz.
Sprechen wollen – und kein Wort kommt über die Lippen.
Streicheln wollen – und die Hand wird stocksteif.
Lächeln wollen – und das Gesicht wird zur Grimasse.
Umarmen wollen – und man sitzt da wie ein Stück Holz.
Vergeben wollen – und man sagt doch noch:
Warum hast du das getan?
Lerne, mit dir und mit dem anderen zu leben
und viele Dinge hinzunehmen, ohne sie zu begreifen.
Lerne, mit einem Glück zu leben,
das aus vielen Stücken besteht,
und eins ist immer zu kurz.
Eine kleine Tat der Liebe ist mehr wert
als stundenlanger Streit, wer Recht hat und Recht bekommt.
Komm, lieber Mann, halt deine Frau fest,
gib ihr einen herzhaften Kuss, und du wirst sehen,
wie ihr beide Recht habt.
Und du liebe Frau, lass dein bezauberndes Lächeln spielen,
wie in der ersten Zeit, als es noch keine Probleme gab.
Macht euch doch einander das Leben nicht so schwer.
Eure guten Wünsche von gestern müssen heute lebendig sein.
Einfache ehrliche Liebe macht alles leicht.
Ein Augenzwinkern, ein Lächeln, ein Kuss,
ein Händedruck, ein kleiner Liebesdienst,
und die Sonne geht auf.
Für jeden Menschen gibt es ein Stückchen Himmel.
    Phil Bosmans

EINANDER LICHT SEIN

Die Liebe ist wie die Sonne

Was hältst du von der Sonne?
Für die meisten ist sie das Gewöhnlichste der Welt.
Und doch wirkt sie jeden Tag Wunder.
Morgens macht sie Licht und Feuer an in der Welt.
Sie kämpft gegen die Wolken, um uns zu sehen
und uns einen schönen Tag zu bereiten.
Nachts geht sie auf die andere Seite der Erde,
um die Menschen auch dort mit Licht zu versorgen.
Lösche die Sonne aus, dann sitzen wir alle
in der schwärzesten Nacht und eisigsten Kälte.
Genauso ist es mit der Liebe.
Geht die Liebe auf in deinem Leben,
bringt sie Licht und Wärme und Wohlbehagen.
Hast du die Liebe, kann dir viel fehlen.
Dann macht es dir nichts aus, zu verzichten
zugunsten von Glück und Freude anderer.
Dann hast du keinen Bedarf an Reichtum und Luxus
und den neuesten technischen Errungenschaften.
Wer die Liebe hat, dem kann viel fehlen.
Darum: Halte die Liebe fest!
Wenn die Liebe in deinem Leben untergeht,
werden die Schatten immer größer,
und du gerätst immer tiefer in Nacht und Kälte.
Die Liebe ist wie die Sonne.
Wer sie hat, dem kann viel fehlen.
Aber wem die Liebe fehlt, dem fehlt alles.
  Phil Bosmans

Ich nehme das Herz von Stein aus eurer Brust
und gebe euch ein Herz aus Fleisch.
Ezechiel 36

Ein Herz aus Fleisch

Ein Herz aus Stein, das kann nichts fühlen, nichts empfinden. Das leidet zwar nicht – aber es kann auch nicht mehr lieben. Es kann nichts mehr geben, weil alles in ihm hart geworden ist. Da fließt nichts mehr, da wächst nichts mehr, da bewegt sich nichts mehr. Das Herz aus Fleisch ist das Herz, das lieben kann, das empfindsam ist, das sich öffnet. Und das genau deswegen auch leiden kann – und leiden wird. Lieben und leiden gehört zusammen – und eine der schönsten und zärtlichsten Liebeserklärungen in der deutschen Sprache ist: „Ich kann dich leiden!" Ich mag dich so sehr, dass ich bereit bin, das Leiden, das daraus entsteht, auch das Leiden an dir, in Kauf zu nehmen und auszuhalten. Lieben ohne Leiden – das geht nicht. Und jeder, der wirklich liebt, wird genau daran auch leiden. Wenn ich berührbar werde für das Leben und die Liebe, dann werde ich auch berührbar für den Tod und das Leiden, den Schmerz und das Dunkel. Wenn ich mich jemandem gebe, dann kann ich mir nicht nur die Rosinen aus dem Sonntagskuchen herauspicken.

Andrea Schwarz

Selbstvertrauen stärken

In der biblischen Tobit-Geschichte begibt sich Tobias auf eine schwierige Reise, und er sucht und findet einen Begleiter, der ihn unterstützen wird in den Gefahren, die auf ihn warten. Unterwegs, beim Baden im Meer, kommt ein großer Fisch auf Tobias zu. Sein Begleiter verlässt das sichere Ufer nicht, sondern bestärkt Tobias in seinem Selbstvertrauen. Er ruft ihm zu: „Ergreife den Fisch und lass ihn nicht los!" (Tobit 6,4). Der Begleiter löst die Probleme des Tobias nicht für ihn – und erst im Nachhinein gibt er sich als Engel Rafael zu erkennen. Er traut Tobias zu, sich zu wehren, und bestärkt ihn darin zuzupacken. – Ich sehe in dem Fisch das Ungreifbare, das Undefinierbare im Leben. Bevor wir es (los-)lassen können, müssen wir uns darauf einlassen. Mit zunehmendem Druck brauchen wir jemanden von außen, der uns bestärkt, uns den Problemen zu stellen, um so den Schlüssel für mehr Lebensqualität zu entdecken. Beim bewussten Annehmen von Hilfe können wir die Angst überwinden, unsere Unabhängigkeit zu verlieren. Bei zunehmendem Druck sich Hilfe zu holen ist für mich kein Zeichen von Schwäche, sondern von Stärke, von gesunder Selbsteinschätzung. Hilfe zur Selbsthilfe bedeutet außerdem: sich Formen, Übungen, Rituale im Alltag zu schaffen, in denen es gelingt, auf die innere Stimme zu hören. Sie bestärkt: „Hab Vertrauen, pack zu, es wird dir gelingen!"

Pierre Stutz

Unter Freunden

„Wenn wir rückblickend auf die schönsten Tage unseres Lebens schauen, immer waren es die Stunden mit Freunden, die uns beglückten", schreibt ein unbekannter Dichter. In den Zeiten, die wir mit Freunden verbringen, können wir die Masken, mit denen wir uns gelegentlich im Alltag vor seelischen Verletzungen sichern, fallen lassen. Wir dürfen uns als die Menschen offenbaren, die wir sind, ohne fürchten zu müssen, dass wir dem Spott oder der Lächerlichkeit preisgegeben werden. Das Gefühl der Geborgenheit umfängt uns wie ein wärmender Mantel. Intensive Gespräche bewegen uns zu neuen Impulsen. Solche Zeiten sind in der Tat als Glück zu bezeichnen, weil wir in ihnen sein dürfen, wie und wer wir sind.

Christa Spilling-Nöker

Wie eine bessere Welt beginnt

Wir klagen manchmal über schlechte Zeiten und über eine harte, unbarmherzige Welt. Aber klagen hilft nicht. Die Welt ist nur deshalb schlecht, hart, grausam, weil die Menschen es sind, die da wohnen. Über die Erde wird nicht im Himmel oder in der Hölle entschieden, sondern einzig durch die Menschen, die auf der Erde leben – so wie du. Für eine bessere Welt gibt es nur einen guten Anfang: bei dir selbst!

Phil Bosmans

Klarheit

Wer Werte lebt, der wird unabhängig von der Bewertung von außen. Er steht in sich. Er weiß, dass ihm niemand seine Würde nehmen kann, auch nicht die Zustimmungswerte, die die letzte Befragung durch Infratest ergeben hat. Wer keinen Wert in sich hat, der kennt als einzigen Wert die Bewertung durch die Menschen. Das Ziel der Menschwerdung ist aber, frei zu werden von der Bewertung durch andere. Sonst richte ich mich ständig nach der Meinung anderer und verbiege mich innerlich. Ich lebe nicht mehr selber, sondern werde gelebt. Ich entscheide nicht mehr nach Recht und Gerechtigkeit und nicht mehr gemäß den Werten, die das Leben wertvoll machen, sondern nur danach, was von den Menschen angenommen wird. Die Mehrheit der Meinung ist ausschlaggebend und nicht mehr die Qualität. So können keine neuen Erkenntnisse reifen. Man biegt und verbiegt sich nach wechselnden Stimmungen. Was Menschen brauchen, ist Klarheit und Verlässlichkeit, ist Echtheit und Mut, für das als richtig Erkannte auch einzutreten. Der gerechte Mensch schafft um sich Klarheit. Er hat es nicht nötig, zu taktieren und sich durch die verschiedensten Meinungen durchzulavieren. Diese innere Klarheit spart Energie. Wir erleben gerechte Menschen als Segen für eine Gemeinschaft. Sie haben einen Sinn für das Richtige. Wir können uns an ihnen orientieren. Der gerechte Mensch wird den Menschen und der Wirklichkeit gerecht. Er verbraucht seine Energie nicht damit, gegen die Realität anzukämpfen. Er ordnet alles so, wie es „stimmt" und stimmig ist.

Anselm Grün

Das innere Feuer

Wesentlich werden
Tag für Tag klarer erkennen
was zutiefst in meinem Wesen
angelegt ist

Wesentlich werden
mich neu ausrichten
auf mein inneres Feuer
das meine persönliche Entfaltung fördert
und mein Engagement für Gerechtigkeit nährt

Wesentlich werden
im wohlwollenden Blick
der ausziehen lässt aus innerem Gefangensein
und mit anderen neuer Beziehungsfähigkeit entgegengeht

Wesentlich werden
mir nichts vormachen
so sein dürfen wie ich wirklich bin
zum Wohl der Gemeinschaft

Wesentlich werden
mich einlassen auf Beziehung
mein Fühlen und Denken mitteilen
zur Stärkung der Freundschaft

EINANDER LICHT SEIN

Wesentlich werden
einen einfachen Lebensstil gestalten
im Einüben des Loslassens
zur Gestaltung einer gerechteren Welt

Wesentlich werden
für Leib und Seele Sorge tragen
mich bewegen lassen
zu einem gesunden Lebensrhythmus
Pierre Stutz

Die Welt durch Liebe erwärmen

Kurz vor ihrem Tod sagte Mutter Teresa in einem Interview:
„Das Leben ist liebenswert. Nur wo die Liebe weilt, kann
gutes Leben wachsen. Das zu verstehen, ist das erste Gebot
des Lernens." Ich verstehe diese Sätze so, dass die Liebe zum
Kosmos, zur Welt, zu unserer Erde und vor allem zu den
Menschen, die weitgehend in ärmlichen Verhältnissen
leben, alle anderen Fragen nach dem Leben in den Schatten
stellt. Nur durch die Liebe können wir das Leiden anderer
Menschen zu unserem eigenen Leiden machen und für sie
Partei ergreifen. Wenngleich wir nicht alle in Kalkutta leben
und arbeiten können oder wollen, so ist es uns doch möglich, uns mit ganzem Herzen den Menschen zuzuwenden,
die in unserer nächsten Umgebung an Einsamkeit, Verzweiflung oder materiellen Nöten leiden, um die Welt ein Stückchen weit wärmer und heller zu machen.
Christa Spilling-Nöker

Mit der Liebe geht die Sonne auf

Geht es dir gut? Bist du glücklich?
Sitzt du in der Sonne?
Dann denk an andere und gönn ihnen
ihr Plätzchen in der Sonne.
Denn wir dürfen nicht vergessen:
Auch unsere Nachbarn, unsere Konkurrenten,
selbst unsere Feinde haben ein Recht
auf ein bisschen Sonne, auf Freude
und eine Handvoll Glück im Leben.
Darum: Alle Menschen gehören in die Sonne.
Werfen wir anderen niemals Steine in den Weg
und Knüppel zwischen die Beine,
wenn sie nach ein wenig Sonne suchen.
In den Herzen vieler Menschen ist es viel zu finster.
Bring Sonne in deine Familie,
in deine Straße, dein Dorf oder deine Stadt.
Bring Sonne den Hinfälligen, den Kranken,
den Armen und den Heruntergekommenen,
die immer im Schatten sitzen.
Aber Sonne kannst du nur bringen, wenn du liebst.
Mit der Liebe geht die Sonne auf
in deinem Herzen.
Ohne Liebe geht sie unter.
Wenn du im Betrieb oder im Laden anderen vorgesetzt bist,
dann schwebe nicht wie schwarze Wolken über deinen Leuten.
Sitzt du am Post-, Bank- oder Fahrkartenschalter
oder es wenden sich sonstwo Menschen an dich,
dann setz kein Totengräbergesicht auf und knurre nicht

92   EINANDER LICHT SEIN

die Menschen an, die deine Hilfe nötig haben.
Das Leben ist für die meisten schon traurig genug.
Denk daran: Freundlichkeit wirkt Wunder.
Freundlichkeit verwandelt die Menschen.
Versetze deine Mitmenschen in die Sonne.
Schenke ihnen dein schönstes Lächeln!
Bist du schnell am Schimpfen,
wenn etwas nicht klappt, so voll am Jammern,
wenn du deinen Willen nicht bekommst?
Das kann richtig krankhaft werden.
Kritiker finden überall Dinge, die faul sind,
und überall Menschen, die ihnen nicht passen.
Manchmal habe ich den Eindruck, dass sie das genießen,
während es allen anderen längst zum Hals heraushängt.
Hast du heute schon mal etwas Gutes über einen anderen
Menschen gesagt? Das ist etwas sehr Wichtiges.
Oder hast du die Angewohnheit, immer etwas Schlechtes
zu erzählen, wenn du über andere redest?
Dann ist mit dir selbst nicht viel los. An deinen Augen
stimmt etwas nicht. Du siehst alles schief und verzerrt.
Wir wollen den Nörgler schnell begraben,
zumindest, wenn er in unserer eigenen Haut steckt.
Mach Licht in deinem Herzen an,
dann kommt von selbst Licht in deine Augen:
Du siehst schöne Dinge und liebe Menschen.
Fällt es dir leicht, über andere Gutes zu sagen,
dann brauche ich nichts weiter von dir zu wissen.
Sag noch heute etwas Gutes über einen anderen Menschen,
und du zündest in allen Herzen die Sonne an.
Phil Bosmans

Verwurzelt der Mensch

Verwurzelt der Mensch
der wagt zu seiner Meinung zu stehen
der sich wehrt
auch für die Rechte der kleinen Leute

Verwurzelt der Mensch
der darauf vertraut
dass es wohl auf ihn ankommt
aber letztlich nicht von ihm abhängt

Er wird sein wie ein Baum
am Wasser verwurzelt
auch wenn um ihn die Dürre sich ausbreitet
so bringt er Früchte

Wenn die Kritik und die Zweifel kommen
wird er sich besinnen
auf den Fluss des Urvertrauens
der auch durch ihn fließt

Er wird nicht alleine gegen den Strom schwimmen
und die göttliche Quelle
immer neu in sich entdecken
  Pierre Stutz, nach Psalm 1

Haus und Herz öffnen

Was könnte das für ein friedliches Zusammenleben sein, wenn wir unser Haus – und unser Herz – nicht verschließen vor den Menschen, die anders sind als wir. Wenn wir auch die muslimischen Nachbarn angstfrei zum Tee einladen und uns mit den Menschen, die eine ganz andere politische Ansicht vertreten als wir selbst, zu einem Austausch zusammensetzen können. Grenzen zu ziehen ist sicher erforderlich, aber unnötig ist es, Mauern des Unverständnisses oder gar tiefer Ablehnung gegeneinander aufzurichten. Wenn unser Herz – und unser Haus – zu einer Wohnstätte des Friedens geworden sind, wird ein Leuchten von unserer Seele ausgehen – als stünde ein neuer Stern am Himmel.

Christa Spilling-Nöker

Zu Hause sein

Du triffst viele Menschen in deinem Leben, aber einige wachsen in dein Leben hinein. Was für ein Segen, wenn das gute Menschen sind! Menschen, bei denen du zu Hause, geborgen bist. Ohne solche Menschen wäre das Leben unerträglich. Wir sind alle aufeinander angewiesen. Bei Nahrung, Kleidung, Wohnung, Erholung, bei allem, was man für Geld haben kann, sind wir abhängig. Aber noch viel mehr sind wir voneinander abhängig bei unserem Glück. Mit Geld ist da nichts zu machen. Das hat mit Herz zu tun, mit Liebe, und die gibt es nur gratis.

Phil Bosmans

heim
kommen

fetzen von melodien
farben in einem bild
worte wohlvertraut

eine angelehnte tür
eine umarmung
ein blick

einen
moment
lang

sich verstanden fühlen
angenommen sein
geliebt werden

die ungeborgenheit vergessen
die erfüllung willkommen heißen
der hoffnung raum geben

heim
kommen
Andrea Schwarz

Boten des Lichts auf deinem Weg

Dem Engel begegnen

Wo der Engel in unser Leben einbricht,
da fängt unser Leben zu leuchten an.
Da wird es durchtränkt von der göttlichen Liebe.
Anselm Grün

Gott ist Licht,
und Finsternis ist nicht in ihm.
Weisheit der Bibel

Engel bringen Licht

Engel sind Boten Gottes. Die Bibel ist voll von Engelgeschichten. Immer wieder sendet Gott seinen Engel in die Not des Menschen, um ihm seine heilende Nähe zu zeigen. Wenn die Bibel von Engeln spricht, dann geht es immer um Hilfe, um Beistand, um Herausforderung und um eine Botschaft, die Gott uns zukommen lässt. Die Theologie sagt uns, dass Engel geschaffene geistige Wesen und personale Mächte sind. Geschaffene Wesen kann man erfahren. Gott ist oft jenseits unserer Erfahrung. In den Engeln tritt er ein in unsere Welt, damit wir seine Nähe greifbar erleben können. In den Engeln kommt das Wort Gottes an unser Ohr. Da wird es hörbar. In den Engeln spricht Gott zu uns als Person. Erst als von Gott Angesprochene werden wir wahrhaft zur Person, zu einem Gegenüber Gottes. Engel schützen unser Personsein. Sie bewahren uns vor destruktiven Mächten, die unser Inneres zerreißen und unseren personalen Kern auflösen möchten. Gott schickt seinen Engel zu uns, dass wir unsere Würde erkennen. Gott würdigt uns seiner Boten. In seinen Boten zeigt er uns, dass er uns nahe ist. Die Bibel kann über Gottes heilende und liebende Nähe nicht anders sprechen, als dass sie uns von Engeln erzählt, die in unser Leben eintreten.

In der Esoterik möchte man genau wissen, was Engel sind. Doch schon der heilige Augustinus warnt uns, uns zu viel Gedanken über das Wesen der Engel zu machen. Engel – so meint Augustinus – sind Boten Gottes. Wir sollen sie mehr von ihrer Aufgabe als von ihrem Wesen her verstehen. Sobald wir zu genau wissen wollen, was Engel sind, entschwinden sie uns. Über Engel kann man nur schwebend sprechen. Engel bringen Licht in unsere Dunkelheit. Es sind alltägliche Situationen, in die Gott seine Engel schickt: in die Not der Angst, des Alleingelassenseins, der Aussichtslosigkeit, der Überforderung, der Depression. Der Engel richtet uns auf. Er verwandelt unser Leben. Er bringt die Wirklichkeit Gottes in unsere gottlose Welt, Hoffnung in die Hoffnungslosigkeit, Vertrauen in die Angst. Er öffnet unser Ohr, damit wir Gottes Wort vernehmen. Er nimmt die Hülle von unseren Augen, damit wir Gottes Wirklichkeit in unserem Leben erkennen. Er greift ein, wenn wir hilflos sind und nicht mehr ein noch aus wissen.

Anselm Grün

Boten

Das Wort „Engel" kommt von dem Wort „angelus" – und das bedeutet „Bote". Die Engel sind Boten zwischen Gott und den Menschen, zwischen Himmel und Erde. Aus der Liebe Gottes heraus sind sie den Menschen verbunden – und vertreten doch zugleich den Anspruch Gottes. Sie verbinden diese beiden Sphären, ohne sie dabei aufzuheben. Sie nehmen dem Menschen das Handeln nicht ab, aber sie stehen ihm mit Rat und Tat zur Seite. Ein Engel ist einer, der mir den Rücken stärkt, der mir aber das Handeln nicht abnimmt. Ein Engel ist einer, der mich auf meinem Lebensweg begleitet, der mir aber das Selber-Gehen nicht erspart.

Engel sind Mittler zwischen den Welten – und immer dann und dort, wo diese andere Welt in unsere Welt hereinbricht, wir uns von dieser anderen Welt berühren lassen, könnten wir eigentlich von Engeln sprechen, die diese Begegnung, diese Berührung verkörpern. Mit den Engeln, diesen Boten Gottes in unsere Welt, haben wir ein Bild, mit dem wir unsere Erfahrungen mit dieser anderen Welt bruchstückhaft in Sprache fassen können.

Damit aber müssen wir Abschied nehmen von unseren herkömmlichen Bildern von Engeln: „Es müssen nicht Männer mit Flügeln sein, die Engel", so sagt es *Rudolf Otto Wiemer*. Und dann kann *Rainer Maria Rilkes* Aussage durchaus schon wieder stimmen: „Ein jeder Engel ist schrecklich!" Es mag seinen Grund haben, dass Engel den Menschen immer mit dem Gruß „Fürchte dich nicht!" begrüßen. Sie muten uns diese andere Welt zu, sie künden von Gott, sie ringen mit dem Menschen um Ziel und Weg, in Gottes Namen – und sind zugleich so diskret und dezent, dass sie sich zurückziehen, wenn wir ihnen keinen Platz in unserem Leben einräumen. Und deshalb ist durchaus eine Entscheidung angesagt – meine Entscheidung: Will ich dem Engel wirklich eine Chance in meinem Leben geben? Will ich wirklich, dass diese andere Welt meine Welt berührt, ja vielleicht sogar in sie einbricht?

Andrea Schwarz

Engelsworte

Fürchte dich nicht
dich dem Lebensfluss anzuvertrauen
damit dein wahres Gesicht aufscheint
und deine Ausstrahlung Kreise zieht

Fürchte dich nicht
deine Angst wahrzunehmen
mit ihr ins Gespräch zu kommen
damit sie sich vertrauensvoll verwandelt

Fürchte dich nicht
dich einzusetzen für eine zärtliche Gerechtigkeit
in der kraftvollen Erinnerung
an eine weltweite Solidarität

Fürchte dich nicht
auf deine Herzensstimme zu hören
die dich zu dir selber führt
zum Erahnen des göttlichen Atems in allem

Fürchte dich nicht:
trau diesen uralten Lebensworten
die dir ein Engel auch heute
unerwartet zuspricht
Pierre Stutz

Himmlischer Glanz

Engel sind von einem wundersamen Geheimnis umwoben. Wir können sie weder fassen noch greifen – und dennoch nehmen wir sie wahr: wenn Dunkelheit von Licht durchbrochen wird, wenn uns die Begegnung mit einem Menschen aufblühen lässt oder wenn sich uns heute Wege öffnen, von denen wir gestern noch nicht einmal zu träumen gewagt haben.

Hoffnung fällt uns direkt vom Himmel ins Herz, unsere Seele weitet ihre Wahrnehmungsfähigkeit und das Leben wird tiefer, weiter und dadurch farbiger. Diese Verwandlung lässt uns staunen und beschenkt uns mit solchem Glück, das auch auf unsere Beziehungen ausstrahlt. Unsere Schritte zur Versöhnung werden leicht, und unsere Liebe findet zu himmlischem Glanz.

Christa Spilling-Nöker

Schutzengel

Der Engel, der aus dem reinen Licht Gottes kommt, wagt sich in die Finsternis hinein, um uns vor ihr zu schützen. Er gibt seinen hellen Schein auf, um ganz für uns einzutreten. Es ist ein kämpfender Engel, der für uns eintritt. Gott schickt seine Engel in unser Leben, das von Dunkelheit bedroht ist. Die Bibel erzählt uns immer wieder Geschichten von solchen Engeln, die Gott gerade in unsere Not und Bedrängnis sendet. Der Engel befreit uns aus dem Gefängnis unserer Angst, unserer Zwänge, unserer Ohnmacht. Er tritt ein in die Finsternis unserer Seele, die in sich selbst gefangen ist und keine Hoffnung auf Befreiung mehr in sich spürt. Der Engel hält mit seinem Flügel von uns ab, was uns bedroht und uns verschlingen möchte. Im Rücken des Engels kann in uns das Leben erblühen. Der Engel kann durch ein Wort dem Dunklen in uns Einhalt gebieten. Manchmal wird ein Mensch für uns zum Engel, wenn er sich vor uns hinstellt, damit wir lernen, zu uns zu stehen. Oder der Engel lässt in unserem Herzen ein Licht aufstrahlen, das die Dunkelheit in uns vertreibt. Es ist gut zu wissen, dass da ein Engel mit seinem mächtigen Flügel in unser Leben eintritt, um sich gegen alles zu stemmen, was unser Leben bedroht. Wenn wir vor verschlossenen Türen stehen, dürfen wir den Engel bitten, uns die Tür zu öffnen. Oft ist die Tür zu unserem eigenen Herzen zugefallen. Wir haben keinen Zugang mehr zu unserem Innern. Da braucht es den Engel, der uns die Tür zu unserer Seele aufbricht, damit in uns das Leben wieder zu blühen beginnt.

Anselm Grün

Mein Schutzengel

Mein Schutzengel wird mir nicht die Grenzen, die Tiefen und die Abgründe meines Lebens nehmen können – aber er nimmt mich an die Hand, er geht mit mir, er bewahrt mich und behütet mich.

Vom Flügel
des Engels
sanft
berührt

wächst
der Mut
zum Leben
Andrea Schwarz

Im Licht der Engel

Im Licht der Engel offenbart sich dir
unausweichlich deine eigenen Wahrheit.
Sie bewegt dich dazu,
deine Selbsttäuschungen endlich aufzugeben
und dein wirkliches Wesen zu erfassen
und zu begreifen, damit du zu einem neuen Menschen werden
und dir selbst begegnen kannst.
Christa Spilling-Nöker

Kämpfer des Lichts

Engel schützen unser Person-Sein; sie ermöglichen es uns, bei aller Gegensätzlichkeit, die wir in uns vorfinden, nicht auseinanderzubrechen, sondern eine Person zu werden. Person heißt: dass alles, was in uns ist, durch die eine Maske hindurchtönt (lateinisch *per-sonare*: hindurchtönen). Wenn zum Beispiel in unsere Stimme auch das Dunkle einfließt, dann bekommt die Stimme Farbe. Dann wird sie angenehm, im Gegensatz zu einer schrillen Stimme, die ohne Kontraste ist und daher für unsere Ohren einen aggressiven Klang annimmt. Alles, was in unserem Inneren an Hellem und Dunklem ist, scheint durch unser Gesicht hindurch. Der Engel hindert das Dunkle in uns, von uns Besitz zu ergreifen. Er verwandelt es in den Hintergrund, auf dem das Helle erst erstrahlen kann.

Wir brauchen den Engel in uns, er gibt unserem Person-Sein Stütze und Halt. Er bewahrt unsere Seele davor, auseinanderzufallen. Heute gibt es immer mehr Borderline-Kranke. Es sind Menschen, die das innere Chaos nicht mehr zusammenhalten können. Sie bedürfen des Engels, der die Gegensätze in ihnen miteinander verbindet. Die verbindende Funktion der Engel leuchtet im Wort Jesu auf, das er uns in seiner Endzeitrede zusagt: Der Menschensohn „wird seine Engel aussenden unter lautem Posaunenschall, und sie werden seine Auserwählten sammeln von den vier Winden her, vom einen Ende des Himmels bis zum andern" (Matthäus 24,31). Das Wort gilt nicht nur für die vielen Gläubigen, die auf der ganzen Welt zerstreut sind, sondern auch von jedem Einzelnen von uns. Die Engel werden das, was Gott in uns auserwählt hat, aus allen vier Windrichtungen zusammenführen. Sie werden in unserem inneren Chaos das, was zerstreut ist, miteinander verbinden und uns so zur Ganzheit führen. Die Gegensätze in uns werden nicht zu einem Missklang führen, sondern zu einem neuen Zusammenklang. Die Engel werden das Gegensätzliche in uns zu einer Symphonie verwandeln, in der die Vielfalt und Schönheit Gottes aufklingt. Wir werden nicht mehr hin- und hergezerrt sein zwischen Nord und Süd, zwischen Ost und West. Das Bewusste und Unbewusste, das Kalte und Warme, das Helle und Dunkle, das Männliche und Weibliche wird in uns zusammengeführt. Alles ist von Gott auserwählt, angenommen, angeschaut und geliebt.

Es gibt offensichtlich aber auch etwas Dunkles, das wir nicht integrieren oder verwandeln können. Es gibt Dunkles, das nach uns greift, um uns zu verschlingen. Davor muss uns der Engel bewahren. In Psalm 35 betet einer, der sich von feindlichen Menschen bedrängt sieht: „Schmachvoll sollen verderben, die trachten nach meinem Leben … Sie sollen sein wie Spreu vor dem Wind, es treibe sie fort der Engel des Herrn" (Psalm 35,4–5). Es gibt Gefahren, in die wir uns nicht begeben sollen. Vor ihnen soll der Engel uns bewahren. Der Engel steht uns bei in unserem Kampf gegen das Dunkle und Böse. Es braucht manchmal einen Spalt zwischen dem, was uns bedrängt, und uns selbst.

Engel sind nicht immer nur nette fliegende Kinderfiguren. Der Engel kämpft für uns. In der Tradition ist es Michael, der für uns eintritt. Er wird oft mit einer Rüstung dargestellt und mit einer Lanze, die er gegen die Feinde schleudert. Dahinter steht die Erfahrung, dass unser Leben auch Kampf ist. Der Epheserbrief ruft uns auf, die Rüstung Gottes anzuziehen und gegen die Mächte der Finsternis zu kämpfen: „Denn unser Kampf geht nicht gegen Blut und Fleisch, sondern gegen die Mächte, gegen die Gewalten, gegen die Weltbeherrscher dieser Finsternis, gegen die bösen Geister in den Himmelshöhen" (Epheser 6,12). Da brauchen wir den Beistand des Engels. Alleine würden wir untergehen, sobald das Dunkle uns angreift. Aber der Engel schafft eine Kluft zwischen dem Dunklen und uns und unserer Seele.

Anselm Grün

Licht für deine Augen

Wenn du innerlich blind bist vor Furcht,
weil du nicht weißt,
was noch alles auf dich zukommen wird,
dann nimmt dir der Engel der Hoffnung
den Schleier der Angst von den Augen,
so dass sich dein Blick in die Zukunft
wieder mit dem Licht der Zuversicht füllt.

Christa Spilling-Nöker

Das Licht des Körpers

Jesus, das wahre Licht, ermahnt uns, auf unser Auge zu achten. Das Auge ist das Licht des Körpers. Wenn sich unser Auge verdunkelt, dann wird unser ganzer Leib finster. „Siehe also zu, dass nicht das Licht in dir Finsternis ist. Wenn nun dein Leib ganz licht ist, ohne einen Teil an Finsternis zu haben, wird er ganz erleuchtet sein, wie wenn dich das Licht mit seinem Glanz erhellt." Jesus spricht von der Einfalt des Auges. Das Auge soll klar und einfach ein, nicht hinterhältig, nicht zwiespältig. Es soll die Dinge sehen, wie sie sind, anstatt sie durch eine dunkle Brille zu verstellen. Unsere wahre Würde besteht darin, Kinder des Lichtes zu sein, Sonnensöhne und Sonnentöchter, die den Glanz Gottes in dieser Welt aufstrahlen lassen.

Anselm Grün

Inneres Licht

Engel erleuchten
und wärmen dein Herz,
damit du zu den Quellen
deines inneren Lichtes finden
und Spuren zukünftigen Glücks
in deiner Seele
schon erahnen kannst.

Christa Spilling-Nöker

Engel mit menschlichem Antlitz

Wenn du in der Begegnung
mit einem Menschen erfährst,
dass du dich wieder selbst
zur Sprache bringen kannst
und sich deine Sichtweise dadurch
verändert und erneuert,
dann leuchtet dir
durch ein menschliches Antlitz hindurch
die Güte eines Engels.

Christa Spilling-Nöker

Wir sind Kinder des Lichtes

Ein Engel des Lichtes begegnet uns manchmal in einem Menschen, der etwas Klares ausstrahlt und das Trübe in uns klärt. Oder der Engel des Lichtes kommt zu uns in einem Wort geflogen, das uns Klarheit bringt in unserem inneren Durcheinander. Manchmal tritt der Engel des Lichtes im Traum in unsere Seele und erfüllt uns mit innerem Glanz. So ein Licht-Traum lässt uns am nächsten Morgen anders aufstehen. Da spüren wir, dass in uns etwas hell geworden ist, dunkle Schatten, die auf unserer Seele lagen, sind verschwunden. Wir fühlen uns heller, klarer, lebendiger. Wir wissen auf einmal mit innerer Gewissheit, dass Gott bei uns und in uns ist und dass wir nie alleingelassen sind mit unserer Finsternis.

Anselm Grün

Du bist ein Engel

Engel sind Menschen, die Licht weitergeben.
Wo sie sind, wird alles hell und klar.
Engel sind Menschen, die eine ursprüngliche Freude
aus dem Paradies mitbekommen haben.
Engel helfen auf die Beine, wo Menschen am Boden sind,
und halten auf unsichtbare Weise die Welt im Lot.
In ihnen spürst du ein wenig das Geheimnis
einer unergründlichen Güte, die dich umarmen will.
Engel kommen nicht auf Bestellung oder gegen Bezahlung.
Meist tauchen sie ganz unverhofft auf, zeigen den Weg
und sind, ohne auf Dank zu warten, wieder weg.
Du hast ein Problem. Du bist ratlos und hilflos.
Auf einmal ist ein Mensch da, der sich dir zuwendet.
Der deine Not erkennt. Der dir auf die Beine hilft.
Du siehst wieder Licht. Du schöpfst neuen Mut.
Engel sind Menschen, die in eine trostlose Welt
einen Sonnenstrahl der Freude bringen,
Sie halten ihre Augen offen für Menschen in Not.
Sie geben ihnen ihre Hand und ihr Herz.
Sie sprechen Einsame an, besuchen Kranke
und lassen Sterbende nicht allein.
Engel haben gute Augen, sie sehen
die verborgene Not der Menschen.
Engel haben gute Ohren, sie hören zu,
und sie hören auch das ungesagte Leid.
Gott ist auf der Suche nach Engeln unter den Menschen.
Komm, du bist ein Engel!
Phil Bosmans

Engel auf dem Weg

Manchmal wird man vom Leben nicht gefunden, sondern muss es erst mal suchen. Und auch Engel stellen sich nicht unbedingt ungefragt an unsere Seite. Wer sucht, der findet. Wer sucht, der macht sich auf einen Weg. Der wird offen für das ganz Andere. Und wer offen ist, dem mag durchaus ein Engel über den Weg laufen. Engel – das sind Boten Gottes. Mittler, Dolmetscher, geheimnisvolle Kräfte ... Manchmal begegne ich den Engeln erst dann, wenn ich mich auf den Weg mache. Und manchmal begegne ich Engeln, und ich weiß noch nicht einmal, dass es sich um einen Engel handelt ... Immer dann, wenn einer im Namen Gottes Gutes tut, sind Gottes Engel bei ihm. Immer dann, wenn einer betet, ist da ein Engel, der dieses Gebet vor Gott bringt.

Andrea Schwarz

Das innere Licht

Im Gebet – so sagt *Evagrius Ponticus* – kommen wir mit dem inneren Licht in Berührung. Da können wir es einen Augenblick lang schauen. Es ist das Licht, von dem die Mystik sagt, dass es im Innern unserer Seele leuchtet. Vom römischen Hauptmann Cornelius erzählt uns Lukas, dass er fromm und gottesfürchtig war und beständig zu Gott betete. „Eines Tages sah er um die neunte Stunde in einem Gesicht deutlich, wie ein Engel Gottes zu ihm eintrat und ihn anredete: Deine Gebete und Almosen sind zu Gott emporgestiegen, und er hat ihrer gedacht" (Apostelgeschichte 10,3–4).

Die neunte Stunde ist die Stunde des Gebetes. Die Neun steht für das Einswerden aller drei Bereiche im Menschen: Geist, Seele und Leib. Der Engel verbindet im Hauptmann alle Bereiche: den Geist, der sich zu Gott aufschwingt, die Seele, die den Leib durchdringt, und den Leib mit seiner Erdenschwere.

Engel sind nicht nur Boten Gottes an uns. Engel stehen um den Thron Gottes und beten ihn an. Sie erinnern uns daran, dass auch für uns die Anbetung die eigentliche Haltung vor Gott ist. Gott anbeten, das heißt, vor ihm niederzufallen, weil er Gott ist. In der Anbetung erbitten wir nichts von Gott. Da schauen wir in das unbegreifliche Geheimnis Gottes hinein. Wir sind gebannt vor diesem Geheimnis. Wir können nur noch staunen und schweigen. Wenn wir ganz im Hören und Schauen aufgehen, dann werden wir von Gottes Glanz erhellt.

Unser Leben beginnt zu leuchten. Das Geheimnis der Anbetung ist, dass wir uns selbst vergessen. Wir hören auf, um unsere Sorgen und Ängste zu kreisen. Wir hören auf, uns selbst zu beurteilen oder zu bewerten. Es ist nicht mehr wichtig, wie es uns geht, ob wir uns gut fühlen oder nicht. Indem wir vor Gott niederfallen und uns selbst vergessen, sind wir auf einmal ganz im Augenblick. Wir sind nicht mehr hin- und hergezerrt zwischen Himmel und Erde, zwischen Geist und Trieb, zwischen Gott und Mensch. Wir sind wie die Engel eindeutig, klar, durchsichtig. Der heilige Benedikt mahnt seine Mönche, sie sollten beim Psalmensingen immer an das Psalmwort denken: „Im Angesichte der Engel will ich dir singen, mich niederwerfen vor deinem heiligen Tempel" (Psalm 138,1–2).

Die Engel sind für ihn Bilder der wahren Beter, die nicht zerstreut sind, sondern ihren Geist ganz und gar zu Gott erheben. Und die Engel sind für ihn Bild der Kontemplation. Sie schauen immerdar das Antlitz Gottes. So sind sie Verheißung für unser Beten, dass wir nicht nur zu Gott beten und ihn anflehen, sondern dass wir im Gebet ihn selbst berühren, mit Gott eins werden und ihn schauen.

Wenn ich während des klösterlichen Chorgebetes müde und unkonzentriert die Psalmen singe, hilft mir die Mahnung Benedikts, mich in den Kreis der Engel einzureihen. Dann bekommt mein Gebet einen anderen Geschmack. Dann ahne ich, dass ich nicht allein vor Gott stehe, sondern teilhabe an den vielen Engeln, die Tag und Nacht Gott preisen. Wenn mir das bewusst wird, öffnet sich für mich der Himmel. Und in meinem eben noch düsteren Geist wird es hell und heiter.

Anselm Grün

Kind des Lichtes

Menschenkind, Kind des Lichtes, eines Morgens wirst du auf deinem Weg einem Engel begegnen. Er wird dir einen weißen Stein geben, auf dem ein neuer Name steht, dein eigener Name, so wie er geschrieben ist in Gottes Hand. Da wirst du überglücklich sein.

Phil Bosmans

Das kosmische Licht

Im Buch der Offenbarung schildert uns der biblische Verfasser eine Vision: „Es tat sich der Tempel des Offenbarungszeltes im Himmel auf. Und aus dem Tempel traten die sieben Engel, die die sieben Plagen hatten, heraus, in reines, glänzendes Linnen gekleidet, und um die Brust gegürtet mit goldenen Gürteln" (Offenbarung 15,5f). Für uns ist es fremd, dass die sieben Engel die sieben Plagen über die Erde bringen. Die Engel im Buch der Offenbarung sind keine niedlichen Engel, sondern machtvolle Boten Gottes. Gott schickt sie auf die Erde, damit sie alle gottfeindlichen Mächte besiegen und den Menschen den Zugang zu Gott ermöglichen. Sie bekämpfen alles, was den Menschen gefangen hält, damit wir durch die Pforte in den heiligen Bezirk des Tempels eintreten können. Auf diese Weise werden die Engel mit den sieben Plagen zu schützenden und helfenden Engeln. Von einem Engel heißt es: „Danach sah ich einen anderen Engel vom Himmel herabsteigen. Der hatte große Macht, und von seinem Lichtglanz wurde die Erde erleuchtet" (Offenbarung 18,1). Der Engel schützt uns vor allem, was uns bedroht, und ermöglicht uns den Zugang zu Gott, damit wir wie er selbst zu leuchten beginnen. Dann wird die Verheißung für uns und in uns wahr: „Und Nacht wird nicht mehr sein, und sie brauchen weder Lampenlicht noch Sonnenlicht; denn Gott der Herr wird leuchten über ihnen, und sie werden herrschen von Ewigkeit zu Ewigkeit" (Offenbarung 22,5).

Anselm Grün

Lichtspur
der Engel

einstimmen
ins Lob
voll Staunen
ob der Schöpfung

einschweigen
in die Stille
voll Ehrfurcht
ob des Lebens

einlieben
ins Sein
voll Liebe
ob des Geschaffenseins

einen Flügelschlag lang
ahnen
was Leben
ist
Andrea Schwarz

Keine Nacht ist ohne Stern

Von Dunkel und Licht

Gott weist uns auf das Heilende hin,
das in uns ist, auf das Licht
mitten in unserer Finsternis.
Anselm Grün

Die im Finstern wandeln,
schauen ein großes Licht.
Über denen, die im Tal der Schatten wohnen,
strahlt ein Licht auf.
Weisheit der Bibel

In dunklen Stunden

Licht und Schatten gehören zu jedem Leben. Unsere Lebensaufgabe besteht darin, unseren Schatten zu integrieren, unsere Angst vor der Dunkelheit verwandeln zu lassen. Im Dunkel des Mutterleibes wächst neues Leben, in dunklen Stunden der Selbstwerdung kann sich neues Leben gebären, in verdunkelten Beziehungs-Wegen kann sich eine neue Lebensqualität formen. In Zeiten, in denen ich das Gefühl habe, alles verloren zu haben, Zukunftsperspektiven und Sinn, da kann ich durch meinen Atem erinnert werden, wie ich immer begleitet bin im Leben. Ich sehe diese innere Begleitung nicht, doch sie ist da als Atem des Lebens, der mich durch das Dunkel der Ohnmacht in meinen tieferen Grund führt, wo ich vorerst ohne Ansprüche sein darf. So wie die Augen sich an die Dunkelheit gewöhnen müssen und ich mit der Zeit auch im Dunkeln immer mehr sehe, so kann mein achtsames Atmen mir in Zeiten der Krise eine Lebenshilfe sein. Im Atmen kann ich jene uralten Lebensweisheiten verinnerlichen, die mich ermutigen, Schritt für Schritt einen schweren Auf- oder Abstieg zu begehen. Der Weg ist das Ziel. Ich nehme sehr oft erst im Nachhinein wahr, was da wirklich geschehen ist. So wie ich erst in der Kälte meinen Atem wirklich sehe, obwohl er mich immer schon belebt, so geht mir erst später ein Licht auf ...

Pierre Stutz

Leben mit meinen Schatten

Für *Carl Gustav Jung* bedeutet Reifung, den Weg der Individuation, der Selbstwerdung zu gehen. Dieser Weg sieht vor, dass ich vom Ich zum Selbst gelange, zu meinem innersten Personkern, der Bewusstes und Unbewusstes umschließt, Göttliches und Menschliches. Das Ego will sich in der Welt behaupten. Es gehört zur Reifung, ein starkes Ego zu entwickeln. Doch ich darf nicht beim Ego stehen bleiben. Sonst kreise ich nur um meine eigene Selbstbehauptung. Das Ego könnte man im Brustbereich ansiedeln. Wer vom Ego geprägt ist, der muss sich in die Brust werfen und sich nach außen besonders vorteilhaft präsentieren. Doch das ist eher ein Zeichen von Unreife.

Jeder Mensch ist für *Jung* polar strukturiert. Wir haben in uns Liebe und Aggression, Verstand und Gefühl, Disziplin und Disziplinlosigkeit, Kraft und Schwäche. In der ersten Lebenshälfte leben wir oft einen Pol einseitig. Dann gerät der andere Pol in den Schatten. Wenn wir beispielsweise einseitig den Verstand leben, gerät das Gefühl in den Schatten und wirkt sich dann als Sentimentalität in uns aus, die uns überschwemmt. Der Schatten wirkt oft destruktiv auf uns.

Zur Reifung gehört, dass ich mich mit meinen Schattenseiten aussöhne, mit den Seiten, die ich in der ersten Lebenshälfte übergangen und verdrängt habe. Denn im Schatten liegt für Jung zugleich eine eigene Kraft. Wenn ich den Schatten unterdrücke, fehlt mir ein wesentlicher Aspekt meiner Lebendigkeit.

Anselm Grün

Ausgesetzt

schlecht brennt
das Feuer heute Abend

das Dunkel
ist irgendwie dunkler

der Job
irgendwie schwieriger

ich fühl
mich

unbehaust und
ungeborgen

verloren
heimatlos

und höre
fürchte dich nicht

und würde es
so gerne glauben
   Andrea Schwarz

Sich den Schatten stellen

In jeder und jedem von uns sind, neben allen liebenswerten Seiten, auch dunkle Kräfte vorhanden, die wir nicht so gerne wahrhaben und anschauen wollen. Es hilft uns aber auf Dauer für den Umgang mit uns selbst und mit anderen Menschen, uns einzugestehen, dass wir keine Engel sind. Wenn wir unsere unsympathischen, hässlichen Eigenschaften anzunehmen bereit sind, haben wir auch mehr Verständnis für die Schwächen unserer Mitmenschen. Oft regen uns an anderen ja gerade die Verhaltensweisen so fürchterlich auf, die wir bei uns selbst krampfhaft unterdrücken. Achten wir also auf die eigenen, im Schatten liegenden Anteile unserer Seele, damit wir sie nicht an anderen Menschen bekämpfen müssen. Das wäre wirklich ein Schritt zum Frieden mit denen, an denen uns etwas heftig stört – und ein Schritt zur eigenen Stimmigkeit.

Jeder Mensch hat wohl in seinem Leben irgendwelche Dinge getan, die er später von ganzem Herzen bereut. Vielleicht hat er sie im Laufe der Jahre vergessen oder verdrängt, aber eines Tages kommen sie wieder ans Licht des Bewusstseins. Irgendwann einmal ist es so weit, dass wir uns unserer eigenen Lebensgeschichte, auch in ihren dunklen Seiten, stellen müssen. Solche Zeiten sind unbequem. Sie strengen an, weil sie einem möglicherweise auch noch in der Gegenwart die Schamesröte ins Gesicht treiben. Aber wenn man solche Stunden durchsteht, ist man mit sich selbst einen großen Schritt vorangekommen.

Christa Spilling-Nöker

VON DUNKEL UND LICHT

Vom Dunkel zum Licht

Oft gibt es keine echte Heilung, keine Verwandlung ohne Schmerz, ohne den Übergang vom Dunklen zum Licht. *C. G. Jung* spricht davon, wenn er den Selbstwerdungsweg als andauernde Verwandlung sieht. Der Übergang vom Leiden zu neuem Leben wird im christlichen Deutungsversuch mit dem Bild des Hinabsteigens in die eigenen Abgründe, in das „Reich des Todes" verdeutlicht.

Verwandlung geschieht in mir, wenn ich meine Gefühle nicht mehr bewerte, sondern sie wahrnehme, um sie dann gestalten, integrieren und verwandeln zu können. Auch in meinen Schattenseiten verbirgt sich eine tiefe Lebenskraft, die erlöst werden möchte. Erlösung und Verwandlung geschieht, wenn ich mich von der Vorstellung löse, vollkommen sein zu müssen.

Pierre Stutz

Im Dunkel wächst die Kraft

Mitten im Dunkel wächst die Kraft, oft ganz unbemerkt, aber sich dann doch am Licht ausrichtend, wenn es an der Zeit ist. Da, wo das Leben scheinbar abgestorben ist, erstickt, begraben, kann aus der Tiefe die Kraft wachsen. Damit aber verliert auch das Dunkel seine Macht und braucht mich nicht mehr zu ängstigen. Ja, vielleicht sogar mehr noch: Möglicherweise ist das Dunkel der Schutz, die Geborgenheit, die ich brauche, damit neues Leben entstehen und wachsen kann. Es darf dunkle Zeiten in meinem Leben geben, und es mag sein, dass gerade dann, wenn alles in mir tot zu sein scheint, das Leben neu Kraft schöpft. Es kann sein, dass gerade das Dunkel etwas in mir birgt und schützt, was noch nicht stark genug ist für das helle Licht des Tages, was noch im Stillen heranwachsen muss. Mag sein, dass ich das Dunkel brauche, um neu leben zu können.

Andrea Schwarz

Licht und Schatten

Neues Leben richtet sich auf das Licht aus. Wir können der Kraft der Dunkelheit trauen, sie ist ein Schonraum für das Wachstum. Wesentliches kann sich ereignen im Dunkeln – im Bauch des Fisches etwa, wie die biblische Jonageschichte zeigt. Jona erkennt erst durch sein Geworfensein in die Dunkelheit der Tiefe sein wahres Selbst, seine Lebensaufgabe. Wohltuend ist für mich beim Lesen dieser Geschichte die

Erkenntnis, dass dieser innere Geburtsprozess einfach geschieht, wenn die Zeit reif ist. Meine Aufgabe ist, mich trotz Angst und Verunsicherung diesem Lebenslauf nicht entgegenzustellen.

Wenn wir lebendig bleiben wollen, dann werden wir immer wieder dunkle Zeiten erfahren, in denen so viel Neues wachsen kann. Auch auf einem intensiven spirituellen Weg kann ich der „dunklen Nacht der Seele" nicht ausweichen, wie der Mystiker *Johannes von Kreuz* sie beschreibt. Es braucht sie manchmal, um die Wärme und das Licht des inneren Feuers wieder neu zu entdecken. Denn der Zugang zu dem, was ich wirklich brauche und wirklich kann, kann sich mir manchmal erst durch eine Krise, ein Zurückgeworfensein auf mich selber, auch auf meine Schattenseiten, neu eröffnen.

Neues Leben sehnt sich immer nach Licht, darum werden in allen Religionen während der zunehmenden Dunkelheit Lichtfeste gefeiert, wie das hinduistische Lichterfest Divali, das jüdische Lichtfest Chanukka oder die christlichen Lichtfeiern in der Advents- und Weihnachtszeit.

Licht und Schatten gehören zu unserem Leben: Je größer das Licht ist, umso größer ist auch der Schatten. Echte Menschwerdung ereignet sich in der alltäglichen Annahme dieser Wirklichkeit, nicht nur intellektuell, sondern auch emotional und spirituell.

Pierre Stutz

Licht in der Dunkelheit

Wenn ich im Dunkeln bin
und keinem dafür
die Schuld zuweise

wenn ich das Dunkel zulasse
und nicht davor
fliehe

wenn ich das Dunkel aushalte
und dabei die Hoffnung
nicht verliere

wenn ich das Dunkel lebe
und trotzdem die Liebe
leben lasse

wenn ich das Dunkel achte
weil ich Teil
des Dunkels bin

wenn ich mich in das Dunkel
hineinbegebe
aus Mut zum Leben

dann leuchtet mitten im Dunkel
ein Licht
das den Weg weist
Andrea Schwarz

Erlösen und Reifen

Zeiten der Verunsicherung bergen eine große Chance in sich. Da regt sich etwas, was uns neu ist, unvertraut, was wir an uns noch gar nicht so kennen. Da spüren wir in ganz verschiedenen Situationen und Begegnungen, dass Überzeugungen und Verhaltensweisen, die uns bisher Halt gegeben haben, nicht mehr tragen. Zunächst überspielen wir diese Unsicherheit, weil wir fürchten, unsere Glaubwürdigkeit, unsere Identität ein Stück zu verlieren.

Wenn ich die Angst kenne, kann ich sie ernst nehmen. Zugleich versuche ich, Verunsicherungen als Boten meiner Seele zu verstehen, die mich auffordern, Seiten in mir zu erlösen, die zu sehr in meinem Kopf und zu wenig in meinem ganzen Sein integriert sind. Denn die Seele ist nach *C. G. Jung* „das Lebendige im Menschen, das aus sich selbst Lebende und Leben Verursachende". Dieser lebendige Kern in uns setzt alles daran, uns authentischer werden zu lassen. Wenn wir die innere Wirklichkeit nicht ernst nehmen, entstehen Alarmsignale wie die Rebellion unseres Körpers oder der Schrei unserer Psyche, uns zu Wendezeiten bewegen zu lassen, um mehr aus dem inneren Feuer heraus das Leben zu gestalten.

Ich kenne keine Biografie eines großen Meisters, einer wegweisenden Mystikerin, einer faszinierenden Künstlerin, eines glaubwürdigen Politikers, der echte Autorität ausstrahlt, die nicht auch Verunsicherungen, Krisen, Unterbrechungen aufweist. Krisen, damit wir mehr und mehr wir selbst werden.

„Heilig werden heißt ich selbst werden", sagt der Mystiker *Thomas Merton*. „Ich muss nicht die kümmerliche Reproduktion eines noch so vollendeten Typs sein. Ich muss mich so heiligen, wie es mein Wesen, mein Charakter, meine verschiedenen Lebensbedingungen verlangen. Gott braucht keine Kopien, sondern Originale" (Johannes XXIII.).

Wenn Jesus vom Himmel im Alltag redet, dann stellt er ein Kind in die Mitte und umarmt es. Er tut dies erst recht, als ihm Widerstand begegnet und die Jünger ihn davon abhalten wollen. Werden wie ein Kind bedeutet für mich: jeden Tag neu anfangen können. Auch im Alter darf ich noch klein anfangen, um mich mit unerkannten, ungewohnten Seiten in mir vertraut zu machen. Indem ich im Innehalten, im Stehen oder Sitzen und im bewussten Ein- und Ausatmen eine Hand auf meinen Bauch und die andere auf meine Brust lege, drücke ich aus, wie ich mit meinen Polaritäten in mir umgehen will. Nur wenn ich sie wohlwollend annehme, kann ich sie gestalten, integrieren, sich verwandeln lassen. Im Annehmen meiner Schwächen liegen meine Stärke und meine Größe. Dies gilt ebenfalls für die Entfaltung von Fähigkeiten in mir, die zu lange klein gehalten wurden. Auch meine Schattenseiten haben ihre Lichtseite, die es zu entdecken gilt. Das Bild des inneren Kindes hilft mir, behutsam und bestimmt in mir das Reifen zu fördern.

Pierre Stutz

Von der Kraft der Leere

Michael, der einige Monate mit uns gelebt und gearbeitet hat, schenkt mir zum Abschied eine Tonband-Kassette. Auf der Begleitkarte schreibt er mir: „Eine Kassette für dich ... Sie enthält, da du sie zum ersten Mal in den Händen hältst, nur ein einziges Lied, und sie wird auch nie vollständig sein, solange wir uns kennen ... Ich möchte darum nicht, dass du den leeren Teil überspielst ..." Ich bin nicht nur berührt von dieser Geste, sondern auch tief beeindruckt, wie originell ein junger Mensch die Lebensweisheit der Leere ausdrückt. Damit unsere Beziehung zu uns selbst, zu anderen Menschen, zur Mitwelt und in alledem zu Gott lebendig bleibt, braucht es die Kraft der Leere. Die Leere ist eine lebensnotwendige Grundhaltung, um die Tiefendimension des Lebens erfahren und feiern zu können. Wir brauchen Leer-Räume, um nicht gelebt zu werden, sondern voll Hoffnung und Widerstandskraft uns dem Leben in seiner ganzen Faszination und Widersprüchlichkeit stellen zu können. Wir brauchen Schweige-Räume, um Distanz zu schaffen zu den Ereignissen: die Augen schließen, um klarer zu sehen. Seit ich die Mystik als Lebenshilfe entdeckt habe, stehen in meinem Zimmer und in den Begleitungsgesprächsräumen leere Schalen. Sie erinnern mich daran, dass die Fülle des Lebens, die Fülle Gottes mich nur bewohnen kann, wenn ich dafür Raum schaffe. Sie lassen mich die unlösbaren Fragen und die himmelschreiende Not der Menschen aushalten, um darin zu erahnen, dass nur durch die Leere Neues entstehen kann.

Pierre Stutz

Durchbruch

„Und glaubet mir auf mein Wort, dass keine Drangsal im Menschen entsteht, es sei denn, Gott wolle eine neue Geburt in ihm herbeiführen": das sind altertümliche Worte des Mystikers *Johannes Tauler*, der im 14. Jahrhundert lebte. Sie sind mir in einer Lebenskrise, bildlich gesprochen, „Licht in dunkelster Nacht" geworden. Vor Jahren fing mein Lebensgebäude, das ich so erfolgreich aufgebaut hatte, zu wackeln an. Ich verlor die Orientierung, die anderen, und sogar Gott, für den ich als Priester quasi einstand, kamen mir immer mehr abhanden. Wie wild kämpfte ich gegen diese Situation – die dadurch immer schlimmer wurde. Obwohl ich schon jahrelang Menschen in Krisensituationen begleitete, passte sie nicht in mein eigenes Lebenskonzept. Erst der massive Leidensdruck einer wochenlangen Schlaflosigkeit zwang mich, zu meiner tiefen Verunsicherung zu stehen.

Dabei sind mir diese Worte von *Johannes Tauler* zur Lebenshilfe geworden. Wenn ich lebendig bleiben und meine Beziehungen, auch meine Beziehung zu Gott, lebendig erhalten will, dann komme ich nicht um die Erfahrung des „Zu-Grunde-Gehens" herum. Die Krise ist eine Chance, in der Neues entstehen kann – ich sage mit *Tauler* dazu: damit Gott in mir neu geboren wird. Sie ist eine Herausforderung, auf dem Grat zu wandern, den Abstieg in den eigenen Grund nicht zu scheuen und so Selbsterkenntnis einzuüben und zu lernen. In einer Krise verbirgt sich die Zusage, innerlich freier zu werden, indem ich mich löse von falschen Idealbildern von mir selber und anderen. Authentisch werden ist das Ziel jeder Krise – nicht eine Kopie der Erwartungen anderer zu sein, sondern ein Original. Eine solche Entwicklung hin zu mir selbst ist tatsächlich einem Geburtsprozess vergleichbar – und er wird uns zugemutet, damit wir selbstbewusster und gelöster im Leben stehen können.

Dazu gehört, die eigene Bedürftigkeit, die eigene Verletzlichkeit und letztlich das eigene Sterben mehr ins Leben zu integrieren. Die Kraft der Krise wird erfahrbar, wenn ich lerne, Hilfe anzunehmen und mich anderen auch mit meinen Schwächen zumute. So erfahre ich tiefste Menschlichkeit, nach der ich mich so sehr sehne: Sein dürfen mit Stärken und Schwächen.

Durchbruch
endlich gewagt mich anzuvertrauen
meine Schattenseiten anzuschauen
meine Verletzungen behutsam zu berühren
meine Wut auszudrücken

Endlich erahnen wie
Du
mich durch diese Krise
zu neuer Lebenskraft begleitest

Bei dir ist die Quelle des Lebens
In deinem Licht schauen wir das Licht
(Psalm 36)
  Pierre Stutz

Du

wenn meine Sprache
wortlos wird

und die Bilder
in mir verblassen

wenn mich der Mut
verlässt

und die Kraft
verbraucht ist

wenn mich
das Dunkel überfällt

und ich nur noch
Sehnsucht bin

bleibt

der Schrei
nach Leben
Andrea Schwarz

Nächte

Die meisten von uns kennen sie – diese dunklen Stunden der Nacht. Stunden, in denen die Einsamkeit zu Besuch kommt, Stunden, in denen die Angst regiert, in denen man nicht mehr weiterweiß, nicht mehr weiterwill. Stunden, in denen das Leben urplötzlich einbricht aufgrund der Diagnose eines Arztes, der drängenden Anfragen in einer Freundschaft, im Erkennen, dass man versagt hat – Stunden, in denen einem der Boden unter den Füßen weggezogen wird, die vermeintliche Sicherheit zerbricht, der Alltag durchkreuzt wird. Es gibt diese dunklen Nächte im Leben eines Menschen – und da hilft kein Training in „Positivem Denken", da hilft es nicht, künstliche Lichter anzuschalten, um das Dunkel zu vertreiben, da hilft kein Alkohol und nicht die Einschalttaste des Fernsehers. Es sind Stunden, Tage, manchmal auch Wochen und Monate, in denen wir mit den Grenzen unseres menschlichen Lebens konfrontiert werden – und diese Grenzen kann niemand, auch Gott nicht, wegnehmen, weil sie unabdingbar zum Menschsein dazugehören. Gott kann das Dunkel unseres Lebens nicht wegnehmen, es bleiben hier auf Erden Tod und Krankheit und Einsamkeit und Angst. – Der Weg Gottes ist ein anderer. Die Liebe Gottes zu uns ist so groß, dass er sich in all unsere Dunkelheiten mit hineinbegibt, als Kind im Stall, als Sterbender am Kreuz. „Hinabgestiegen in das Reich des Todes": hinabgestiegen, hereingekommen in unsere Dunkelheit, in das Reich unseres Todes, damit wir durch ihn das Leben haben – und es in Fülle haben.

Andrea Schwarz

und befeuchte was verdorrt

in den dunklen Stunden
der Nacht
wenn man nicht mehr weiterweiß
wenn man nicht mehr weiterwill

wenn man sich ängstigt
vor der Hitze des Tages
dem gleißenden Licht
der unbarmherzigen Sonne
dem neuen Tag

in den dunklen Stunden
der Nacht
schenkt sich mir
das Leben

benetzt mich und
nährt mich
umkost mich und
liebt mich
dem neuen Tag entgegen

damit ich
dem Himmel entgegenblühe
wenn ich
in der Erde wurzle
   Andrea Schwarz

VON DUNKEL UND LICHT

Noch in der dunkelsten Nacht

Warum so viel Leid, so viel unbegreifliches Leid?
Vielleicht auch bei dir zu Hause, in deinem Herzen.
Leid, über das du nicht sprechen magst,
weil es schon seit Jahren in deinem Inneren nagt.
Eine Beleidigung, ein böses Wort, eine Gemeinheit,
weswegen du nachts nicht schlafen kannst.
Vielleicht eine große Einsamkeit auf deine alten Tage.
Über jedem Leben hängt ein Kreuz. Wir haben keine Wahl.
Wir müssen uns beugen vor dem Geheimnis des Leidens,
vor Gott, dem Einzigen,
der in unseren dunkelsten Nächten
noch Sterne scheinen lassen kann.
Phil Bosmans

nicht viel
oder vielleicht doch ...

deine verletzungen
erleben müssen
deinen stillen schrei
die schmerzen

und nichts
absolut nichts
tun zu können
außer da sein

aushalten
dich nicht vertrösten
mitgehen
dich nicht verweisen

leiden daran
dass du dich zurückziehst
und es doch
so unsagbar gut verstehen

leiden
an deinem leiden
und
an meiner ohnmacht

und ganz leise
ganz zart
eine Kerze anzünden
Andrea Schwarz

Scheitern

„Der Sieg hat viele Väter, die Niederlage nur einen", heißt es.
Jeder meint, dass er seinen Teil zum Erfolg beigetragen hat.
Aber wenn etwas schiefgeht, dann stehen wir ganz allein da.
Dann werden wir mit Kritik und oft genug mit Häme be-
gossen. So ist es gut, dankbar und zugleich bescheiden auf
persönliche Siege zurückzublicken. Aber genauso wichtig
ist es, ein guter Verlierer zu sein und sich auch Niederlagen

einzugestehen, die das Leben mit sich bringt. Zu unserem Leben gehören immer Höhen und Tiefen, Licht und Schatten. Seien wir dankbar für beides. Denn an beiden lernen wir, am Sieg und an der Niederlage. Im Sieg steckt die Verheißung, dass unser Leben gelingt. Wir stehen nicht immer auf der Seite der Verlierer. Unser Leben glückt. Wir sind im Einklang mit uns selbst. Aber auch die Niederlage kann heilsam sein. Sie reißt uns alle Masken vom Gesicht. Sie bringt uns in Berührung mit unserer Wahrheit. In der Niederlage fällt alles von uns ab, womit wir uns rühmen können. Da fühlen wir uns nackt. Sie stellt uns vor die Frage, was wir eigentlich mit unserem Leben wollen und wer wir in Wahrheit sind. Unser Wert hängt nicht nur vom Erfolg ab oder von dem, was wir tun, sondern auch davon, wie wir das erleiden, was uns widerfährt.

Im Sport gilt es, dass die wahre Größe eines Sportlers sich darin zeigt, wie er eine Niederlage verkraftet und wie er sich als Verlierer verhält. Manche können nicht verlieren. Sie geben andern die Schuld an ihrer Niederlage. Doch wenn ich mir die Niederlage eingestehe und sie auf faire Weise annehme, dann definiere ich mich nicht von meinen Erfolgen, sondern von meinem Sein her. Es gilt der Grundsatz: „Wer gewinnen will, muss auch verlieren können." Denn ohne die Bereitschaft, auch zu verlieren, würde man gar nicht zum Spiel oder zum Wettkampf antreten. Der faire Sieger achtet auch den Verlierer. Und der faire Verlierer gratuliert dem Sieger. Denn beides gehört zu unserem Leben. Und nur wer mit beiden Seiten gut umgeht, ist ein guter Sportler, ist ein reifer Mensch.

Anselm Grün

Im Licht erkennen wir das Dunkel

Dass nicht wenige Menschen gerade beim Erwachen des Frühlings depressive Verstimmungen spüren oder sogar in eine Depression fallen können, zeigt, wie komplex unser Empfinden ist. Was für viele unverständlich ist, ist eigentlich ein natürlicher Vorgang. Zu viel Licht, zu viel Sonne auf einmal ertragen wir nicht. Wenn in den Berichten der Bibel von Begegnungen mit Engeln immer wieder die Worte „Fürchtet euch nicht" anklingen, dann erzählen sie von der Erfahrung, dass wir vor Freude, vor Glück weinen können. Dass wir angesichts des Wunderbaren auch erschrecken. Dass vordergründig schöne Erlebnisse uns mit dem Schmerz, mit der Dunkelheit und Kälte in und um uns konfrontieren können. Wenn ich darum weiß, kann ich mich auch schützen, um mir in meinem Rhythmus behutsam die Zeit zu lassen, die ich brauche, um in mir länger Erstarrtes, im Verborgenen Gehaltenes, Schwieriges auftauen zu lassen.

Da helfen mir die Jesusworte, ein Leben lang vertrauensvoll wie ein Kind zu bleiben. Dies hat nichts mit Regression oder kindischem Verhalten zu tun. Wirkliches Leben ereignet sich immer im Paradoxen, in Gegensätzen, im Werden und Sterben. Ein Leben lang klein anfangen können heißt, mich herantasten und mir die „Finger verbrennen", klug sein und Fehler machen dürfen. Wir brauchen eine Kultur des Genießens, weil uns diese Kunst in unserer konsumorientierten Welt immer mehr abhandengekommen ist – wir brauchen immer mehr Gefühlskicks, um ein bisschen was zu spüren! Wir sind eine in hohem Maße süchtige Gesellschaft, weil wir immer mehr brauchen und immer weniger lang genießen können. Im Entfalten eines achtsamen Lebensstiles spüren wir, wann wir dabei sind, zu sehr zu kompensieren, anstatt auf unsere eigentlichen Bedürfnisse zu achten, wann wir durch übermäßigen Genuss bloße Symptombekämpfung betreiben, ohne der wirklichen Sehnsucht nach Anerkanntsein, nach Beziehung, nach Engagement zu begegnen.

Pierre Stutz

Es geht vorbei!

Schlechte Tage! Auch du weißt, was das ist. Tage, an denen alles schwarz aussieht, an denen alles schiefgeht. Du fühlst dich verloren. Viel schlimmer kann es nicht mehr kommen. Und das Schlimmste ist: Du denkst, dass es so bleibt. Aber Schwierigkeiten gehören zum Leben, zur Arbeit, zur Ehe, zur Erziehung, zum Miteinanderleben. Durch diesen Berg von Schwierigkeiten muss man durch. Wir leben nicht in einem Paradies. Wenn du aus dem kleinsten Kreuz auf deinen Schultern ein Problem machst, kommst du nie aus der Finsternis und Kälte heraus. Dann siehst du in deinem Leben nicht mehr die Sonne, nur noch Probleme.

Schlechte Tage dauern so lang. Es sind die längsten Tage. Jeder Mensch hat schlechte Tage. Was kann man da machen? Geduld haben! Manchmal eine Zeit lang blind fliegen. Du hast oft erfahren, dass gute Tage schnell vorbei sind, aber warum tröstet dich denn diese Erfahrung nicht an schlechten Tagen? Setz ein Lächeln auf. Schlechte Tage gehen auch vorbei.

Phil Bosmans

Es braucht seine Zeit

In der Nacht hatte ich schlecht geschlafen, die Spannung, die das Seminar mit sich brachte, wirkte sich bis in den Schlaf aus. Jede Stunde wachte ich auf, schaute auf die Uhr, draußen war es stockdunkel, noch immer nicht Morgen! – um mich seufzend wieder umzudrehen, die Bettdecke über den Kopf ziehend.

Als ich wieder einmal aufwachte und zum Fenster hinausschaute, war alles ein wenig anders: Plötzlich erkannte ich schemenhaft die kahlen, dunklen Zweige eines Baumes vor dem Hintergrund der Nacht. Gebannt setzte ich mich im Bett auf: Fast unmerklich wurde das Dunkel ein bisschen weniger dunkel, kam der Kontrast der Äste schärfer zur Geltung. Ganz, ganz langsam wich das Dunkel einer grauen Dämmerung, die heller und heller wurde. Die Konturen der Berge zeichneten sich am Horizont ab, ich entdeckte den Wald, konnte das Nachbarhaus ahnen.

Und auf einmal, fast nicht wahrnehmbar, ein leicht rötlicher Ton am Himmel, an Stärke zunehmend, langsam, ganz langsam – es schien, als ob das Licht die Dunkelheit Millimeter für Millimeter zurückdrängte, die Nacht nur widerwillig dem Tage wich. Rot und röter wurde der Himmel, die Berge schienen schwarz gegen den Horizont, in den Tälern lag weiß der Nebel. Ich sah gebannt zu – es war für mich eine sehr stille halbe Stunde in diesem Tagungshaus mitten im Hunsrück. Es sollte noch eine gute Weile dauern, bis der goldene Ball der Sonne wiederum fast unmerklich Stück für Stück über dem Horizont erschien – da saßen wir dann schon beim Frühstück.

Ich blieb nachdenklich an diesem Tag. Ich hatte in letzter Zeit viel Dunkel erlebt und durchlitten – und irgendwie wartete ich immer darauf, dass plötzlich ein Licht angeht und alles Dunkel mit einem Schlag vertreibt. Dieser Morgen lehrte mich, dass künstliche Lichter plötzlich angehen, aber die Lichter des Lebens nur allmählich aufgehen. In unseren Breiten wird aus der Nacht nicht schlagartig Tag, sondern es braucht seine Zeit, bis aus dem Dunkel Hell wird. Zwischen beiden Extremen gibt es unzählig viele graue Zwischentöne, in denen sich das Kommen des Tages ankündigt. Dies gilt umgekehrt genauso: Der Tag weicht nur allmählich der Nacht.

Könnte es sein, dass ich vor lauter Warten auf das Licht die Grautöne übersehen habe, die doch zugleich das Licht schon ankündigen? Glaube ich möglicherweise, noch immer im tiefsten Dunkel zu sitzen, obwohl sich doch schon Bäume, Häuser, Menschen schemenhaft in der Dämmerung abzeichnen? Es gibt einen Übergang zwischen Nacht und Tag, zwischen Dunkel und Licht, der sich nur millimeterweise, fast unmerklich, vollzieht – und den ich selbst möglicherweise gar nicht wahrnehme. Plötzlich war ich aufmerksam geworden auf dieses Geschehen, wie es Tag wird, auf ein Geschehen, das ich sicher in meinem Leben wohl schon Dutzende Male gesehen und beobachtet habe. An diesem Morgen aber hatte der Sonnenaufgang seine ganz eigene Botschaft für mich.

Es braucht seine Zeit, bis es Tag wird – und die Schritte dorthin vollziehen sich fast so unmerklich, dass ich es gar nicht wahrnehme. Die Nacht braucht Zeit, um zum Tag zu werden, das Dunkel wird nur langsam hell.

Andrea Schwarz

Ein unbesiegbares Licht

„Tief im Winter lernte ich endlich, dass in mir ein unbesiegbarer Sommer lag" (Albert Camus). Wenn der Winter uns mit klirrender Kälte umgibt, sehnen wir uns nach der Wärme des Sommers. Der französische Dichter und Philosoph *Albert Camus* hat die Erfahrung des Sommers mitten im Winter gemacht in sich. Und dieser Sommer konnte aus seinem Herzen durch keine Kälte vertrieben werden. Die Erfahrung von *Albert Camus*, der die Absurdität des Lebens kannte, aber an ihr nicht verzweifelt ist, möchte auch uns ermutigen, mitten in der Kälte unseres Herzens die unbesiegbare Wärme der Sonne zu sehen. Auch wenn wir uns leer fühlen, ist in uns die Gewissheit, dass es in uns wieder aufblühen wird. Wir sehnen uns nicht nur nach dem Sommer. Er ist immer in uns. Und er ist unbezwingbar. In der Natur wird er mit Sicherheit wieder kommen. Er ist so im Rhythmus der Natur verankert, dass er sich durch keinen Winter vertreiben lässt. Genauso ist er auch in unserer Seele verankert. Und keine Depression, keine Enttäuschung, kein Nebel und keine Kälte können ihn aus der Seele reißen. Im Winter spüren wir den Sommer nicht. Aber zu wissen, dass er in uns ist, und zwar als unbesiegbarer, das entmachtet den Winter. Das lockert den Griff jeder Kälte, die ihre Finger nach uns ausstreckt.

Anselm Grün

Aufgehoben

keine Träne
umsonst
geweint

keine Klage
umsonst
geschrien

kein Dunkel
umsonst
durchlebt

du bewahrst

meine Tränen
mein Klagen
mein Dunkel

bei dir
bin ich
aufgehoben

Tröster
Retter
Morgenstern
Andrea Schwarz

Für jeden leuchtet ein Stern

Wenn du versuchst, so zu leben,
wie Gott dich gemeint hat,
wenn du dein ursprüngliches Bild
in dieser Welt sichtbar werden lässt,
dann trägst du dazu bei,
dass diese Welt heller und heiler wird.

Wenn wir miteinander so leben,
wie Gott es uns zutraut,
dann werden wir immer mehr
die Nacht dieser Welt erleuchten
und zu Lichtträgern der Hoffnung werden.

Dort wo du lebst,
leuchtet dann mitten in der Nacht
ein Stern, auch wenn er noch so klein ist.
Aber dieser eine Stern
verwandelt die Nacht.
Anselm Grün

Suche den Stern

Wenn die Herzen bei dir zu Haus hart sind wie Stein,
wenn keine Tür sich öffnet, sosehr du auch klopfst,
dann wende dich nicht mit grenzenloser Bitterkeit ab.
Prüfe dein eigenes Herz und mach es bereit für ein Fest.
Gott mag dich. Er wird irgendwo und irgendwie
ein Menschenherz anrühren, dich das wissen zu lassen.
Der Regen wird aufhören. Die Kälte wird vorbeigehen.
Im Strahlen eines Lächelns und in einer zärtlichen Hand
wirst du die Sonne spüren und wieder leben.
Verliere nie den Mut! Was auch geschieht, Gott mag dich.
Wenn die Sonne verschwunden ist, dann suche den Stern,
den Gott eigens für dich entzündet hat.
Phil Bosmans

Quelle der Hoffnung

Hoffnung ist kein Schönwettergefühl. Der jüdische Philosoph *Walter Benjamin* sagt: „Die Hoffnung ist uns um der Hoffnungslosen willen gegeben!" Heute gibt es viele Hoffnungslose. Sie haben die Hoffnung auf eine bessere Zukunft verloren. Oft genug haben sie die Hoffnung für sich selbst aufgegeben. – Hoffnung eröffnet uns die Zukunft. Sie zeigt uns, dass das Leben lebenswert ist. Sie stärkt uns. Sie weitet das Herz. Hoffnung gilt letztlich immer einer Person – ich hoffe für dich und für mich: Ich hoffe für mich, dass alles gut wird, und ich hoffe für dich, dass dein Leben gelingen mag.

Friedrich Hölderlin hat die Quelle der Hoffnung im Heiligtum seiner Seele gesehen. „Ich habe so oft erfahren, wie ein Zuruf, der aus dem Heiligtum unserer Seele kam, in tiefer Betrübnis uns beglücken und neues Leben, neue Hoffnung schenken kann." In unserer Seele spricht die Hoffnung zu uns. Die Hoffnung gibt nicht auf. Sie hofft trotz widriger Umstände auf eine bessere Zukunft: Ich vertraue darauf, dass du eine gute Zukunft hast, auch wenn es dir momentan nicht gut geht. Ich hoffe, dass mein Leben gelingt, trotz der Krankheit und Krise, die ich gerade durchlebe.

Anselm Grün

Was du heute in Händen hast

Ich weiß, das Leid der Menschen lässt sich nicht mit ein paar schönen Worten in Luft auflösen. Doch manchmal frage ich mich: Was bringt es, wenn sich ein Mensch in sein Elend verkriecht, unerreichbar fern für seine Mitmenschen?

Versuche jeden Tag, das Leben und die Menschen aufs Neue gern zu haben. Fällt dir das schwer, dann nimm wenigstens jeden Morgen allen Mut zusammen, und schau alles etwas leichter an.

An der Vergangenheit kannst du nichts ändern. Nur für die schönen Erinnerungen halte ein Fenster offen. Und die Zukunft? Mach dir nicht zu viele Sorgen. Denke daran, was du heute in Händen hast: die Sonne und das Licht; Blumen, die blühen; Essen und Trinken; ein Kind, das dich anlacht.

Phil Bosmans

Fenster zum Himmel

Es gibt Zeiten, in denen das Leben als so schmerzvoll und erdrückend erlebt wird, dass man Glück schon gar nicht mehr zu träumen, geschweige denn darauf zu hoffen wagt. Wie soll ein Mensch auch mitten in der Nacht der Verzweiflung von der Hoffnung auf einen neuen Morgen getragen werden? Vielleicht besteht aber doch eine leise Spur des Glücks darin, die Zeit der grenzenlosen Belastung oder Trauer überhaupt durchzustehen, ohne sich ganz von der Welt zurückzuziehen und verbittert die Augen vor dem zu verschließen, was einem an kleinen Zeichen von Freundschaft, Ermutigung und Trost von außen entgegenkommt. Viele solcher ganz kleinen Lichtblicke können zu einer Brücke werden, um eines Tages wieder ganz ins Leben zurückzufinden.

Manche Tage sind so düster, dass wir sehnlichst auf einen Lichtblick hoffen. Manchmal genügt ein erfreulicher Brief, ein überraschender Anruf von einem lieben Menschen oder ein anerkennendes Wort, um uns wieder ein Fenster zum Himmel zu öffnen. Hoffentlich sind wir auch in der Lage wahrzunehmen, dass sich die Wolken wenigstens an einer Stelle wieder verzogen haben, und können es genießen, dass die Sonne es nicht ganz aufgegeben hat, unser Herz zu wärmen. Vielleicht bekommen wir auch Lust, den freundlichen Gedanken, die uns erreicht haben, am Abend eine kleine Feier auszurichten, damit der Tag, der so dunkel begonnen hat, noch einen freundlichen Ausklang findet.

Christa Spilling-Nöker

Ich öffnete die Fenster meines Herzens

Als ich ärmer, schwächer und machtloser wurde,
wurde alles einfacher.
Ich öffnete die Fenster meines Herzens
und sehnte mich brennend nach Licht.
Und es wurde mir alles gegeben.
Phil Bosmans

Nullpunkt als Anfangspunkt

Zum Wesen meines Menschseins gehören nicht nur Stärken, Lebenskraft, Hoffnung, Lust und Kreativität, sondern auch Verletzlichkeit, Scheitern, Zweifel, Krankheit und Angst. Das christliche Thema von Tod und Auferstehung hat für meine Selbstwerdung eine befreiende Wirkung, weil hier das tägliche Leiden und Sterben nicht verdrängt werden. Das hat nichts zu tun mit einer krankmachenden Verharmlosung des Leidens. Wir sollen alles daran setzen, um Leiden zu verhindern, und zugleich annehmen, dass das Leid zum Leben gehört, da es keine Liebe ohne Leiden gibt. – In meinem Leben kenne ich immer wieder Momente, in denen ich fast gestorben bin: Momente der Verzweiflung, der Angst, der Krankheit, der Enttäuschung. Ich kenne auch jene Momente, in denen mir in auswegloser Situation ein Licht aufschien, sich mein Ankommen am scheinbaren Nullpunkt als Anfang einer neuen Lebensqualität offenbarte. Auf dem Hintergrund solcher Erfahrungen, die ich oft erst im Nachhinein in diesem größeren Zusammenhang

VON DUNKEL UND LICHT

sehen kann, bin ich so dankbar, jährlich mit anderen den Kreuz- und Auferstehungsweg Jesu neu verinnerlichen zu können. Dieser wiederkehrende Rhythmus mit seinen Ritualen hilft mir, wesentlicher zu werden. So kann ich mein Wesen mit all den Licht- und Schattenseiten besser verstehen. Beglückend ist dabei die Erfahrung, dass es nicht nur um mich geht, sondern dass ich Berührungspunkte zwischen meinem ureigenen und dem Weg Jesu, dem Urweg aller Menschen, entdecke. Dieses tiefe Eingebundensein lässt mich hoffen, konkret in Situationen, in denen ich fast zu sterben meine, dass mir neue Lebenskraft geschenkt wird.

Pierre Stutz

Lebensrhythmus

Das Menschenleben ist so seltsam, so unbegreiflich. Es gibt Tage, da scheint die Sonne. Du bist zufrieden. Du siehst die schönen Seiten des Lebens. Alle sind freundlich zu dir. Du weißt nicht, warum.

Aber auf einmal verändert sich alles. Es ist, als ob eine übergroße Sonne die Wolken anzieht. Eine unerklärliche Traurigkeit kommt über dich. Dir fällt alles schwer, du siehst alles schwarz. Du weißt nicht: Warum ist das so?

Weil der Mensch ein Stück Natur ist mit Frühling und Herbst, mit der Wärme des Sommers und der Kälte des Winters, mit Ebbe und Flut, wie der Rhythmus des Meeres. Wenn du das begreifst, kannst du weiter, voll Mut und Vertrauen.

Phil Bosmans

Verwundbar

Wer sich auf das Leben einlässt, der kommt nicht unverletzt davon. Keiner von uns ist der unverwundbare Held wie Siegfried oder der griechische Kämpfer Achill – und sogar die haben ihre Achillesferse und ihre verwundbare Stelle zwischen den Schulterblättern gehabt. Jeder und jede von uns hat seine Verletzungen im Leben bekommen, ist vom Leben gezeichnet.

Da mögen einem zuallererst die körperlichen Verletzungen einfallen – eine Narbe erzählt von einer Operation, das Bein, das nach einem Bruch schlecht zusammengeheilt ist, die Wunde am Daumen, in den man sich gerade gestern erst geschnitten hat. Und wohl kaum jemand hat nicht eine Narbe an seinem Körper, die eine entsprechende Geschichte erzählt – unveränderliche Kennzeichen, wie es so schön in amtlichen Papieren heißt.

Nicht ganz so offensichtlich, aber manchmal noch viel schwerwiegender sind die seelischen Verletzungen, die wir mit uns herumtragen: eine Liebe, die nicht erwidert wurde, Trauer und Einsamkeit, Heimatlosigkeit, Scheitern, Angst ... unsere seelischen Verwundungen können viele Namen tragen. Und gerade wegen all dieser Verletzungen, der kleineren und der größeren, der körperlichen und der seelischen, lebt in uns eine Sehnsucht nach Heil, nach Heilsein, nach Ganzsein.

Diese Situation, das Unheilsein und die Sehnsucht nach dem Heilsein, das ist die Grundgebrochenheit von uns Menschen. Die Verletzungen und die Sehnsucht gehören zum menschlichen Leben dazu – auch wenn mancher sie sich nicht eingestehen will, wenn wir Tod und Krankheit, Einsamkeit und Scheitern gerne aus unserem Leben verbannen würden, wenn wir versuchen, uns Jugendlichkeit und Glück zu kaufen. Die Flucht vor dieser Gebrochenheit kann nicht gelingen, irgendwann wird jeder von ihr eingeholt – und sei es in der letzten großen Kränkung des Menschen, dem Tod.

Deshalb müssen wir lernen, mit dieser Gebrochenheit zu leben, sie anzunehmen, sie zu gestalten. Wir müssen lernen, unsere Verletzungen und Behinderungen zuzulassen – und trotzdem der Sehnsucht zu vertrauen. Vielleicht mehr noch – möglicherweise bergen unsere Verwundungen und Gebrochenheiten auch eine Chance in sich. Wenn einer ganz und gar heil wäre, der bräuchte nichts mehr. Wer gebrochen ist, sich als hilfsbedürftig erfährt, den Mangel erlebt, der wird empfänglich für Zeichen der Nähe, dankbar für Zuwendung, offen für die Liebe.

Es geht nicht um eine Leidensmystik, es geht nicht um eine Verherrlichung des Leidens oder gar darum, das Leiden künstlich zu vergrößern oder herbeizuführen. In unserem Leben gibt es von ganz alleine so viel Unheiles und so viel Leid. Und gerade darin brauchen wir die Nähe eines Gottes, der uns Heilung zusagt, sind wir angewiesen auf die Liebe Gottes, die sich uns zuwendet – und uns durch all unsere Verletzungen hindurch erreicht.

Diese Liebe Gottes ist keine Liebe, die sich gnädig aus seiner Vollkommenheit herab auf uns ergießt, die uns klein machen würde oder uns erniedrigen würde neben seiner Vollkommenheit. Es ist die Liebe des Gekreuzigten, die Liebe von einem, der Schmerz, Leid, Verlassenheit und Tod am eigenen Leib erfahren hat. Das Leben, die Liebe, Gott gewinnt mitten im Dunkeln, ganz leise und unauffällig, ohne Zuschauer und Fernsehshow, ohne Waffen und Gewalt. Als der Morgen dämmert, ist das Grab leer, der Stein weggewälzt – und nicht einmal die besten Freunde haben etwas davon mitbekommen. Das ist Auferstehung – wenn einer mitten im Dunkel dem Leben traut und den Schritt wagt, den Grenzübergang riskiert. Manchmal ganz alleine, manchmal ins Ungewisse hinein.

Andrea Schwarz

Dunkler Segen

Segne auch du uns
dunkler Gott
du
der sich geheimnisvoll
unserem Begreifen entzieht
der sein Antlitz vor uns verbirgt
unser Fragen mit Schweigen beantwortet

segne auch du uns
dunkler Gott
du
der du uns Zumutung und
Herausforderung bist
dessen Tun unergründlich bleibt
dessen Handeln sich unserem Denken entzieht

segne auch du uns
dunkler Gott
du
der sich abwendet von uns
der uns alleine lässt
der uns leiden lässt
der uns verwirrt und beunruhigt

segne uns
du dunkler Gott
du abwesender
schweigender
unfassbarer
harter
namenloser

segne du uns
dunkler Gott
damit wir den Mut haben
das Dunkel in uns wahrzunehmen
dem eigenen Abgrund zu trauen
der Nacht zu glauben
uns auf den Grund zu gehen

segne uns dunkler Gott
indem du Einsamkeiten nicht nimmst
Sicherheiten erschütterst
Hoffnungen nicht erfüllst
Pläne durchkreuzt
Sehnsucht nicht stillst

segne uns dunkler Gott
indem du unsere Träume verjagst
unsere Bilder zerreißt
Geborgenheiten entlarvst
Erwartungen zerstörst
zum Aufbruch zwingst

segne uns
du dunkler Gott
segne den Aufbruch
segne den Weg

und bleibe
dunkler treuer
Wegbegleiter
Andrea Schwarz

Osterlicht

Wenn Engel in unser Leben eintreten, dann entsteht ein Spalt in uns, durch den das Göttliche in uns einfällt. Dann wird unsere Welt aufgebrochen für Gott. Dann können wir nicht einfach zur Tagesordnung übergehen. Wir können unser Leben nicht mehr verstehen, ohne nach Gott zu fragen. Die Oberfläche unseres Lebens wird aufgerissen. Wir müssen tiefer schauen.

Dort, wo das Göttliche in uns einbricht, bringt der Engel Licht in unser Leben wie die Auferstehungsengel am Ostermorgen. Das Grab als Ort der Dunkelheit und der Dämonen ist vom Licht der Engel erfüllt. Das Grab Jesu ist zu einem Ort der Auferstehung geworden, zu einem Ort des Aufbruchs. Da wird diese Welt aufgebrochen für Gott. Was verschlossen war, das hat Gott für uns geöffnet, damit wir gerade dort, wo das Tödliche und Bedrohliche unseres Lebens ist, das Licht der göttlichen Liebe schauen.
Anselm Grün

Im Dunkel

und mitten
in all dies Dunkel
ein Licht
ein Ja
ein Du
einer
der sich hingibt
für mich
einer
der sich hergibt
für mich

in das Dunkel
ein Licht
in die Sprachlosigkeit
ein Wort
in die Hoffnungslosigkeit
ein Traum
in die Angst
eine Vergewisserung
in die Grübeleien
die Zusage
in die Verzweiflung
die Gewissheit

im Tod
das Leben
  Andrea Schwarz

Licht über *Licht*

Im Horizont des Ewigen

Im Gebet schaut der Mensch sein eigenes Licht,
ja, er wird seiner eigenen Natur gewahr,
die ganz Licht ist, die teilhat am Lichte Gottes.
Anselm Grün

⁓

Bei dir ist die Quelle des Lebens,
in deinem Licht schauen wir das Licht.
Weisheit der Bibel

Das Ziel unseres Weges

Setzen Sie sich einmal am Abend an einen stillen Ort und zünden Sie eine Kerze an. Dann schauen Sie auf die Kerze, aber zugleich auch in sich selbst hinein. Zunächst werden Sie in sich auf viele Gedanken stoßen, Gedanken über den heutigen oder morgigen Tag. Dann werden Sie auf Gefühle stoßen, auf Ärger, Eifersucht, Neid, Angst, vielleicht auch auf Traurigkeit. Lenken Sie Ihren Blick immer tiefer. Halten Sie sich nicht bei den Gefühlen und Leidenschaften auf. Dann werden Sie auf Gedanken über Gott und auf Bilder von Gott treffen. Aber – so mahnt uns *Evagrius Ponticus*, der Mönchsschriftsteller aus dem 4. Jahrhundert – wir sollen noch tiefer in uns eindringen. Auf dem Grund unserer Seele werden wir dann das innere Licht schauen.

Es ist der Glanz unserer Seele, die Schönheit unseres wahren Selbst. Und zugleich ist es das Licht Gottes. Die Mönche nennen es das unerschaffene Licht Gottes. Sie können das Schauen des Lichtes nicht erzwingen. Aber stellen Sie sich einfach vor, dass auf dem Grund Ihrer Seele dieses Licht ist. Vielleicht dürfen Sie es manchmal erahnen oder sogar für einen Augenblick schauen.

Dann erfahren Sie eine Antwort auf die Frage von *Friedrich Hölderlin*: „Wo nehm ich, wenn es Winter ist, die Blumen, und wo den Sonnenschein?" In Ihnen ist trotz aller Dunkelheit ein unzerstörbares Licht, das alles in Ihnen wärmt und erhellt. In diesem Ort Gottes, am Ort des Friedens im Innern der Seele, ist es ganz still, da wohnt Gott allein. Und dort ist alles heil. Dort schließen sich in der Liebe Gottes alle Wunden, die uns das Leben geschlagen hat. Dort weichen alle Gedanken an die Menschen, die uns verletzt haben. Dort haben unsere Leidenschaften keinen Zutritt, dort können uns auch die Menschen mit ihren Erwartungen, mit ihren Meinungen, mit ihren Urteilen nicht erreichen. Dort werden wir eins mit Gott. Dort tauchen wir ein in sein Licht, in seinen Frieden, in seine Liebe. Das ist das Ziel des geistlichen Weges.

Anselm Grün

Hoffnungsvolle Schritte

Hoffnungsvolle Schritte
wünsche ich dir
getragen von der Achtsamkeit
die Gottes Segen erfahren lässt

Vertrauensvolle Begegnungen
wünsche ich dir
heilende Momente des Aufatmens
die Gottes Segen spüren lassen

Glückliche Stunden
wünsche ich dir
die auch dem Unglücklichsein
in deinem Leben Platz lassen
damit du echter Mensch wirst
durch Gottes Segen
in all deinen Beziehungen

Pierre Stutz

Auf dem Weg zu den Sternen

Wenn ich müde bin vom Weg zu den Sternen,
um den Menschen in der Nacht ein bisschen Licht zu holen,
dann setze ich mich in die Stille und finde dich,
mein Gott!
Dann lausche ich der Quelle, und ich höre dich.

Ich weiß, dass in der Oase alles am Wasser liegt
und dass eine Wüste nur blühen kann, wenn Wasser da ist.
Ohne Wasser verdorrt alles, stirbt alles.
Ich weiß, dass die Oase des Menschen in der Liebe liegt
und dass die Liebe der Ursprung ist von allen Oasen.
Wasser ist Leben. Liebe ist lebendiges Wasser.
Wenn du in der Wüste des Lebens irgendwo Liebe findest,
wahre Liebe, dann geh mit der Liebe mit,
und du kommst zum Quell aller Liebe, zu Gott,
der großen Oase für Zeit und Ewigkeit

Ganz tief in mir selbst und in allem, was um mich ist,
spüre ich ein großes Geheimnis.
Gott, für mich bist du ganz nah,
für mich bist du da, spürbar, greifbar gegenwärtig.
Gegenwärtig bist du in mir, mehr als die Luft
in meinen Lungen, mehr als das Blut in meinen Adern.

Ein Vogel ist ein Vogel, wenn er fliegt.
Eine Blume ist eine Blume, wenn sie blüht.
Ein Mensch ist ein Mensch, wenn er betet.
Phil Bosmans

Das Leuchten Gottes

„Du leuchtest in meiner Seele wie die Sonne auf dem Golde", schreibt die Mystikerin *Mechthild von Magdeburg* (etwa 1207–1282). Im Genießen der Sonne, der Wärme, des Wassers, der Berge, des Zusammenseins im Schatten erinnere ich mich an das große Leuchten Gottes in der Seele eines jeden Menschen. Beim Reisen, im Urlaub, in der Begegnung mit Menschen aus anderen Ländern und Kulturen entdecke ich das Leuchten Gottes in einer großen Vielfalt, die mich dankbar staunen lässt. Dieses Staunen lädt mich ein, Erde und Himmel zu verbinden.

Schweigend den Sonnenaufgang und den Sonnenuntergang betrachten, meditieren, zum Gebet werden lassen; darin das Leuchten Gottes in allem erkennen. Wir können uns täglich die Augen öffnen lassen, um das, was von Gott in den Menschen ist, wahrzunehmen. Um die wohltuenden und unbequemen Seiten des Lebens zu sehen und sie zugleich im Licht der Ewigkeit wahrzunehmen. Ein sehender Mensch wird auch trans-parent für die Verheißung, dass Gott durch ihn durch-scheinen kann. Natürlich bleibt dabei mein Blick begrenzt, weil ich nicht Gott bin. Doch mich und jeden Menschen als sein Abbild zu sehen, gehört zu den großen Herausforderungen unseres Lebens. Eine solche würdigende Wahrnehmung meiner selbst und der anderen führt dann auch zu einer wohlwollenden Konfliktfähigkeit, bei der ich lerne auszudrücken, was mich stört und mich verletzt, und bei der ich mir bewusst bin, dass ich in meinem Ärger nur einen Teil dieses Menschen sehen kann und er oder sie immer noch ganz andere Seiten hat.

In allem den Lebensatem Gottes zu spüren, eröffnet mir jeden Tag die große Zukunftsperspektive des Lebendigseins. Im aktiven Sehen dessen, was ist, nehme ich mich, die anderen, die Schöpfung und in alledem Gott ernst. Mein Staunen über die vielen unscheinbaren Kostbarkeiten, die mir das Leben jeden Tag neu schenkt, wird wachsen. Im staunenden Verweilen in der Schöpfung kann ich mich verwurzeln im Urvertrauen. Göttliche Gegenwart in allem zu erahnen, lässt mich vertrauensvoll in die Zukunft gehen. Dabei ist dieses Vertrauen in die Zukunft geprägt von der Hoffnung, dass dadurch immer mehr Menschen aktiv Widerstand leisten gegen alles, was unsere Lebensqualität bedroht. Um an dem Verletzenden, Zerstörerischen, Boshaften und Unachtsamen nicht zu zerbrechen und deswegen nicht zu verbittern, hilft das alltägliche Staunen über die kleinen Wunder.

Pierre Stutz

Der Weg des Saatkorns

Das Saatkorn: Das große Geheimnis von Leben und Sterben, von Stille und Verborgenheit. Es überlässt sich der Dunkelheit der Erde, es fühlt die Wärme der Sonne, den Segen des Regens. Es sieht die Ähre nicht, aber es glaubt an die Ernte. Der Weg des Saatkorns ist der Weg jedes Menschen zur Fruchtbarkeit und Reife. Wir müssen neue Wege gehen: den Weg zum Licht durch die Nacht, den langen Weg zur Liebe, damit die Freude am Leben aufblüht, wie ein Regenbogen am Himmel unseres Dorfes, das Erde heißt.

Phil Bosmans

Weg nach innen

Die Umwelt überflutet uns mit einer Überfülle an Reizen. Konzentrieren wir uns doch einmal nur auf ein einziges Bild: auf ein Gemälde, dessen Stilrichtung uns gefällt, auf einen Springbrunnen oder eine einzelne Blüte. Versinken wir einmal ganz in der Betrachtung eines solchen Anblicks: Plötzlich scheinen die Figuren auf dem Gemälde lebendig zu werden und uns mit in die dargestellte Szenerie hineinzunehmen. Jeder einzelne wirbelnde Wassertropfen am Brunnen lässt die Sonne durchscheinen und wird zu einem einzigartigen, perlenden kleinen Kunstwerk. Die Blüte hat ihren Kelch nur für uns geöffnet, um uns ihre zarten Staubgefäße entgegenzustrecken. Je genauer wir hinschauen und uns in unsere Beschaulichkeit vertiefen, umso mehr ahnen wir zugleich die Tiefe unseres Selbst.

Wir können in der Meditation mehr und mehr die äußere Wirklichkeit verlassen und den Weg nach innen suchen. Den störenden Geräuschen, die an das eigene Ohr dringen, keine Beachtung schenken. Irgendwann ist man auf der Reise zur eigenen Mitte so weit, dass man sie gar nicht mehr wahrnimmt. Alles Denken verliert sich. Es gibt nur noch einen selbst und die Stille, die den Weg in die eigene Tiefe freigibt. Man begegnet seinen inneren Kräften, kann in sie hineinatmen und sie dadurch zu neuem Leben erwecken. Je länger man in dieser Übung verharrt, umso stärker wachsen einem neue Energien zu. Man spürt, wie man von ihnen durchströmt wird. Die Fülle der eigenen Lebendigkeit drängt dazu, der Außenwelt wieder neu zu begegnen.

Christa Spilling-Nöker

IM HORIZONT DES EWIGEN

Eine Kerze entzünden

Beten hilft mir, meinen Ort zu finden, „rückt mich zurecht", ist das Akzeptieren, dass es über mich hinaus etwas Größeres gibt. Ein solches „Zurechtrücken" entlastet mich ungemein, setzt oft neue Kräfte frei, macht Veränderung bei mir erst möglich. Beten bedeutet für mich also, mich in einen größeren Lebenszusammenhang hineinzustellen, mich in die Kraft, den Strom des Lebens hineinzubegeben. Ich spüre, ahne und suche Ausdrucksformen dafür, dass ich Teil dieser Lebenskraft bin und dort meinen Platz habe. Daraus schöpfe ich Kraft, Geborgenheit, Heimat, Hoffnung, Zuversicht. Beten kann ich auch für andere Menschen. Im Gebet bringe ich sie vor Gott und schaue sie an. Und diese Menschen in einem solchen Licht zu sehen, verändert oft schon den Blickwinkel. Oder ich hole sie bewusst hinein in diesen Strom der Lebenskraft. Manchmal setze ich dann auch Zeichen, indem ich zum Beispiel eine Kerze anzünde oder jemandem einen lieben Gruß schicke. Und ich meine zu spüren, dass andere Menschen für mich beten – jedenfalls habe ich bisher keine andere Erklärung dafür gefunden, woher manchmal solche ungeahnten Kraftreserven in mir kommen, wenn ich eigentlich nicht mehr kann. Beten – das ist eine Möglichkeit, aus dem Teufelskreis des Egoismus herauszukommen, indem ich mich an ein größeres „Du" wende. Beten ist die Chance, mein Leben aus einem anderen Blickwinkel zu betrachten, in ein anderes Licht zu setzen. Dazu bedarf es nicht vieler Worte – leise ein „Du" zu sagen, ist schon Gebet.

Andrea Schwarz

kraftvoll

aufmerksam schauen
angeschaut von dir

interessiert hinhören
erhört von dir

licht sein
erleuchtet von dir

frieden sein
gestillt von dir

trost sein
getröstet von dir

reich sein
erfüllt von dir

begeistert sein
entflammt von dir

lebendig sein
belebt von dir

in dir gegründet

aufrecht stehen
Andreas Schwarz

IM HORIZONT DES EWIGEN

Kraftorte aufsuchen

Um einen spirituellen Weg des Vertrauens zu gehen, hilft es mir, Kraftorte aufzusuchen, die mir an Leib und Seele gut tun und mich bestärken, meiner Lebensaufgabe zu trauen. Dort spüre ich immer wieder, was mir zutiefst guttut, ich gewinne neue Energie.

Ein Ort der Kraft kann an einer Quelle sein, einer Kirche, einem Kloster, einem Grab, einem Aussichtspunkt, einem Baum. Die Natur, aber auch besondere, von Menschen gebaute, gestaltete Orte können für mich einen Platz bieten, an dem ich Kraft spüre. Umfassender, ganzheitlicher noch erfahre ich diese Kraft, wenn ich mich – je nach meiner körperlichen Befindlichkeit – zu Fuß zu diesem Ort aufmache. Dadurch drücke ich die innere Bereitschaft aus, einen Weg zu gehen, mein Leben zu durchschreiten, meiner Seele Entfaltungsräume zu schenken.

Ich verweile an diesem Ort im bewussten Atmen und lese mir Worte laut vor, die mich berühren oder mir gerade viel bedeuten – ein Gedicht, ein Gebet, eine Geschichte, einen Songtext, eine eigene Erkenntnis, ein biblisch-mystisches Wort. Dadurch erfahre ich die Kraft, die über diesen Ort hinaus in meinen Alltag führt.

Pierre Stutz

Die Kraft des Betens

Als ich acht oder neun Jahre alt war, da war das mit dem Beten ganz einfach für mich: „Lieber Gott, mach, dass wir in diesem Schuljahr die nette Lehrerin bekommen!" oder „Lieber Gott, der Opa soll wieder gesund werden!" – und das sagte ich ganz inbrünstig und glaubte daran und danach ging es mir gleich besser. Dann, einige Jahre später, fand ich das gar nicht mehr so einfach mit dem Beten. Zuerst ist mir wohl der „liebe" Gott abhandengekommen – kann Gott wirklich „lieb" sein, wenn er so viel Leid, so viel Katastrophen, Krieg und Tod zulässt? Und die Fragen nach dem Warum wurden auch nicht beantwortet. Da gab es zu viele Gebete, die nicht erhört wurden – hört Gott überhaupt zu, wenn wir ihn bitten? Und was nützt dann Beten überhaupt, ist es nicht eher eine sanfte Droge für schlichte Gemüter, die damit ein wenig beruhigt werden sollen? Ist das nicht alles nur Einbildung und Fiktion?

Heute, inzwischen über fünfzig Jahre alt, ist Beten eigentlich für mich wieder ziemlich einfach geworden: „Gott, ich weiß nicht mehr weiter, hilf mir!" oder „Lass Susanne nicht mehr allzu viel leiden!" – und das sage ich ganz inbrünstig und ich glaube daran und danach geht es mir in der Regel ein wenig besser. Ich habe neu zurückgefunden zu dem Vertrauen meiner Kindheit – und ganz ehrlich gesagt, so schlecht finde ich das gar nicht. Oder soll ich besser sagen: Ich habe es neu gefunden? Denn es ist nicht das alte, unschuldige Vertrauen von damals, als ich acht Jahre alt war. Es ist ein Vertrauen, das Leid und Tränen kennt, das den Tod erlebt hat, die Angst, die Verzweiflung, die Einsamkeit – und das trotzdem so betet, oder anders gesagt: So wieder beten kann. Denn dazwischen liegt ein Weg – und zu diesem Weg möchte ich einladen.

Gott ist der ganz Andere. Ja, den kleinen Unterschied haben Sie eben beim Lesen eventuell schon gemerkt: Ich sage nicht mehr „lieber Gott". Denn Gott ist nicht lieb. Ganz im Gegenteil: Gott ist immer radikal und existentiell und unbegreiflich. Und er muss es sein. Ein Gott, den ich begreifen könnte, würde ja in mein Denken hineinpassen, das heißt, er wäre kleiner als ich. Was aber wäre das für ein Gott, der kleiner ist als ich? An so einen Gott mag ich nicht glauben. Wenn Gott aber größer ist als ich, dann wird er mir immer wieder auch unbegreiflich bleiben. Dann, wenn ich meine, Gott verstanden zu haben, könnte es sein, dass es eben gerade nicht Gott war. Gott ist keine „Wunsch-Erfüllungs-Maschine" so nach dem Motto „Gebet gesagt – Wunsch erfüllt". Manche Gebete stehen sich selbst im Weg, weil sie nicht nur meine Not vor Gott bringen wollen, sondern ihm zugleich vorschlagen, was er dagegen, bitte schön, tun soll. Und um passende Ideen sind wir selten verlegen. Ganz ehrlich gesagt, in diesen vergangenen Lebensjahrzehnten habe ich mich einige Male bei Gott entschuldigt, weil ich sauer war, dass ich nicht das bekommen habe, was ich wollte. Und ich habe erst im Nachhinein gemerkt, dass das, was er mir gegeben hat, eigentlich viel sinnvoller und besser war als das, worum ich ihn gebeten hatte. Diese Erfahrung hat bei mir zu einem neuen Grundvertrauen geführt: Ja, ich glaube daran, dass Gott mir gut will – auch wenn ich es nicht begreife – und ihn noch weniger begreife.

Aber vieles in meinem Leben, was ich im Erleben schlimm fand, nicht verstanden habe, hat sich im Nachhinein als sinnvoll, als wichtig erwiesen. Gut, es bleiben einige Fragen nach dem Warum – und die stelle ich Gott auch. Ich kann und darf diese Fragen stellen. Aber indem ich sie Gott stelle, akzeptiere ich zugleich, dass es ihn in meinem Leben gibt, auch wenn ich ihn nicht verstehe. Jede Frage an Gott ist eigentlich zugleich ein Glaubenszeugnis – zugegeben, in aller Ohnmacht, in aller Verzweiflung, in aller Hilflosigkeit. Aber noch glaube ich daran, dass es einen Gott gibt, dem ich diese Fragen entgegenschreien kann.

Nicht Gott braucht mein Gebet, sondern ich brauche es. Im Gebet stelle ich mich mir selbst und meiner Situation. Ich nenne meine Not beim Namen, ich gebe ihr einen Ausdruck. Im Gebet kann ich meine Bürde einem mit-teilen, der mir gut will. Und das ent-lastet im wahrsten Sinne des Wortes. Gott geht mit, Gott trägt mit. Ein solches Wissen kann mich wiederum verändern. Ich fühle mich getragen und gehalten – und damit wird vielleicht auch wieder anderes für mich möglich. In mir kann anderes wachsen und werden. Ich lebe aus einer Zuversicht. Das ist ein Vertrauen, das keine Beweise hat – aber sie auch nicht braucht.

Es holt mich aus meiner passiven Rolle heraus – und lässt mich neu handeln. Nicht Gott soll meine Wünsche erfüllen, sondern ich soll wieder handeln können. Unsere Worte beim Beten können ganz einfach sein, voll Vertrauen, voll Liebe, im Wissen darum, dass Gott Gott ist und bleibt – und all das, was wir in Sprache bringen, menschlich ist.

Andrea Schwarz

du

bist das Ziel
der Weg
die Kraft

dir

bin ich
geb ich mich
lass ich mich

und plötzlich

überfällt mich
das Leben
no chance
mittendrin
von überall her

kopfunter lustüber

mich geben
ins Sein
und

leben
in
Fülle
Andrea Schwarz

Klarer Geist

Die Quelle des Heiligen Geistes in uns erfrischt, sie reinigt und heilt, sie befruchtet und stärkt. Die Quelle des Heiligen Geistes erfrischt: Wer aus ihr schöpft, der macht einen frischen Eindruck. Die Gedanken, die er äußert, sind nicht abgestanden, sondern neu. Von einem solchen Menschen gehen neue Ideen aus. Die Quelle des Heiligen Geistes reinigt: Viele fühlen sich heute innerlich verschmutzt. In der Arbeit mit anderen Menschen bekommen wir immer wieder auch die unklaren und getrübten Emotionen aus unserer Umgebung mit. Wir leiden unter emotionaler Umweltverschmutzung. Da sehnen wir uns nach der Reinigung durch die klare Quelle des Heiligen Geistes. Das ursprüngliche und unverfälschte Bild, das Gott sich von jedem von uns gemacht hat, ist getrübt durch die vielen Bilder, die andere uns übergestülpt haben. Die Erinnerung an die innere Quelle des Heiligen Geistes kann uns helfen, uns von diesen Trübungen immer wieder zu befreien, damit das ungetrübte und reine Bild Gottes in uns aufleuchtet.

Aber auch *Heilung* geschieht. Geistliche Begleitung ist nach meinem Verständnis und nach meiner Erfahrung genau dies: den Menschen mit seiner inneren Quelle in Berührung zu bringen. Wenn das gelingt, dann entsteht oft Heilung. Dann verlieren die seelischen Verletzungen an Macht. Das erfrischende und heilende Quellwasser durchströmt die Wunden, reinigt und heilt sie.

Anselm Grün

Geist des Lichts

Ich stehe vor der Ohnmacht der Menschen,
einander zu verstehen, glücklich zu machen, zu lieben.
Es ist Zeit, den Geist des Lichtes suchen,
den Geist Gottes, ohne den wir nicht zu Rande kommen.
Wenn dieser Geist in deinem Herzen wohnt und wirkt,
wirst du einmal wunderbare Früchte pflücken,
die aus unserem menschlichen Zusammenleben
wieder ein Stück Paradies machen.
Diese Früchte tragen folgende Namen:
Liebe, Freude, Friede, Geduld, Freundlichkeit,
Güte, Treue, Zärtlichkeit und Einfachheit.
Phil Bosmans

Kraft zum Unterwegssein

Kraft zum Unterwegssein
wünsche ich dir:
Gottes Bestärkung in deinem Leben.

Mut zur Versöhnung
wünsche ich dir:
Gottes Wohlwollen in deinem Leben.

Grund zur Hoffnung
wünsche ich dir:
Gottes Licht in deinem Leben.
Pierre Stutz

Das innere Feuer hüten

Gelb ist die Farbe der Sonne. Kaum ein Maler hat das Gelb so betont wie *Vincent van Gogh*. Unter der Sonnenglut von Arles wurde Gelb zu seiner Lieblingsfarbe. Er trägt sie oft sehr dick auf, um die erhellende und wärmende Kraft der Sonne einzufangen. Das Gelb erinnert ihn aber auch an die Ernte und an den Tod. Van Gogh malt den Tod nicht schwarz, sondern gelb. Er nimmt ihm das Bedrohliche. Der Maler schrieb seinem Bruder Theo zu seinem Bild vom Schnitter in der Sonne, den er ganz in Gelb malte: „Ich sah in ihm ein Bild des Todes ... Aber in diesem Tode liegt nichts Trauriges, es geschieht im vollen Licht, mit einer Sonne, die alles mit goldenem Licht überflutet."

Henri Nouwen, der holländische Theologe und Psychologe, hat sich Vincent van Gogh sehr nahe gefühlt. Er hat ihn verstanden in seiner inneren Zerrissenheit und Empfindsamkeit. Er meinte einmal, van Gogh habe das innere Feuer in sich gehütet. Er habe es in seine Bilder einfließen lassen. Während seines Lebens habe sich niemand an den Ofen gesetzt, der seine Wärme ausstrahlte. Aber heute würden sich viele Menschen an den Bildern van Goghs wärmen und in ihnen die Glut spüren. Spirituelles Leben bedeutet, das „innere Feuer" zu hüten, das Feuer der göttlichen Glut nicht ausgehen zu lassen. Wir müssen die Türen unseres Ofens schließen, damit die Glut nicht erlischt. Dazu braucht es Gebet und Meditation, aber auch die tätige Liebe zum Nächsten und das Mit-Leiden mit dem Nächsten.

Anselm Grün

Leben bleibt immer Fragment

Wir reden gern von der Ganzheitlichkeit, die wir erlangen möchten. Wir werden sie aber sicher schon gar nicht dann erreichen, wenn wir sie erzwingen wollen. Unser Leben ist und bleibt immer fragmentarisch. Wir dürfen uns durchaus frohen Herzens an unseren Unfertigkeiten, an unseren Halbheiten ergötzen. So wie sich das Licht auch in den Splittern eines Spiegels bricht und uns, oft momenthaft nur, auffunkelt, so leuchtet uns auch in den Bruchstücken und Brüchen unseres Daseins so viel Licht auf, dass wir wagen können, wieder neu zu träumen. Auf Ganzheitlichkeit wachsen wir ein Leben lang hin, bis wir uns im großen Ganzen, in der Güte des Seinsgrundes, in Gott wahrnehmen und wiederfinden.
Christa Spilling-Nöker

Wenn wir zu den Sternen schauen

Vor einigen Jahren war ich sechs Wochen lang zu Fuß nach Santiago de Compostela unterwegs – sechs Wochen lang mit dem Rucksack quer durch Nordspanien, auf dem Weg zum legendären Grab des Apostels Jakobus ... Ein wunderschöner Weg, nicht immer leicht zu gehen, es war nicht immer leicht, unterwegs zu sein – aber ich glaube, das Allerschwerste an dem Weg ist das Ankommen in Santiago und dann die Rückkehr in den Alltag. Damals, kurz vor Santiago, habe ich gedacht: Wenn ich einmal, am Ende meines Lebens, bei meinem himmlischen Vater ankomme, heimkomme, dann möchte ich dort auch bleiben dürfen, dann will ich nicht noch einmal von vorn anfangen. Wenn ich dieses Ziel meines Lebens erreicht habe, möchte ich auch bleiben dürfen.

Seit dem Zeitpunkt ist mir der Gedanke an Wiedergeburt und Reinkarnation ausgesprochen lästig und unangenehm – und seit der Zeit mag ich das Lied „Wir sind nur Gast auf Erden" noch mehr. Ja – wir sind Gast auf Erden, unsere eigentliche Heimat, unsere eigentliche Wohnstatt aber, die ist im Himmel. Und wenn wir eines Tages sterben, wenn wir zu unserem Gott gehen, dann dürfen wir heimkommen ...

Nichts spricht dagegen, dass wir unser Leben hier auf der Erde genießen dürfen und sollen und können – und ich lebe ausgesprochen gern. Wir dürfen hier zu Gast sein und unser Gastsein durchaus genießen – aber wir haben jetzt schon ein Wohnrecht im Himmel – und der Platz ist für uns schon vorbereitet: „Im Hause meines Vaters gibt es viele Wohnungen!"

Und es werden Wohnungen sein, für die wir weder Miete noch Kaution zahlen müssen, es gibt keine Kehrwoche und keine Schneeräumpflicht, und wir werden uns nicht mehr mit undichten Wasserleitungen und quietschenden Gartentoren befassen müssen.

Aber – wissen wir noch, was es heißt, daheim zu sein, an einem Ort zu wohnen? Können wir das überhaupt noch in unserer heutigen Zeit: heimkommen? Wir sind auf der ganzen oder zumindest der halben Welt zu Hause – und selbst wenn wir nicht persönlich da waren, so liefert uns das Fernsehen doch alle Bilder ins Haus ... Aber – wer überall zu Hause ist, der ist eigentlich nirgendwo daheim. Mich hat ein

Satz sehr berührt, den ich in einem Roman von *Henning Mankell* gelesen habe, in dem Buch „Der Chronist der Winde". Es ist die unsagbar zärtliche und doch zugleich unsagbar harte und brutale Lebensgeschichte eines zehnjährigen afrikanischen Straßenjungen – und an einer Stelle dieses Romans sagt Nelio, der Straßenjunge: „Die Menschen heute bauen keine Häuser mehr, sie bauen Verstecke!"

Die Menschen bauen keine Häuser mehr, sie bauen Verstecke. – Könnte es sein, dass auch wir ein Versteck aus unserem Leben gemacht haben? Ein Versteck vor den anderen Menschen, ein Versteck vor mir selbst, ein Versteck vielleicht auch vor Gott? Könnte es sein, dass wir deshalb überall zu Hause sind, weil wir uns gerade damit umso besser verstecken können? ...

Kurz vor seinem Sterben erinnert sich Nelio, der zehnjährige Straßenjunge in Mankells „Chronist der Winde", an seinen Vater. „Mein Vater war ein sehr kluger Mann", sagt Nelio. „Er lehrte mich, zu den Sternen aufzuschauen, wenn das Leben schwer war. Wenn ich den Blick dann wieder auf die Erde senkte, war das, was eben noch übermächtig war, auf einmal klein und einfach."

Wenn wir zu den Sternen schauen, wenn wir auf Gott schauen, wenn wir darauf vertrauen können, dass wir eines Tages zu ihm heimkommen werden und dürfen – dann brauchen wir hier keine Verstecke mehr. Dann brauchen wir uns nicht mehr zu verstecken – vor keinem anderen, nicht vor mir – und nicht vor Gott.

Andrea Schwarz

Das einzige Licht

Wenn du ein denkender Mensch bist, kommt irgendwann
der Augenblick, wo du im Leben Antwort auf Fragen suchst,
die in der Öffentlichkeit meistens nicht gestellt werden,
aus Angst, dass es keine Antwort darauf geben könnte.
Du gibst dich nicht mehr zufrieden mit schönen Theorien,
wie Wissenschaft und Philosophie sie anbieten.
Du empörst dich im tiefsten Innern gegen Leiden und Tod.
Nicht gegen Leid und Tod im Allgemeinen,
sondern gegen das manchmal unmenschliche Leiden,
das einen konkreten Mitmenschen zugrunde richtet,
den du kennst und liebst.
Damit kannst du dich nicht abfinden.
Es muss eine Antwort geben. Aber die kann nur befriedigen,
wenn sie tief genug ist, um alle Menschen zu umfassen.
Sie muss dem Leben eines Rollstuhlfahrers Sinn geben,
dem Leben eines Behinderten, eines unheilbar Kranken,
dem Leben einer Mutter mit einem schwerbehinderten Kind,
dem Leben eines alten Menschen, der nichts mehr
zu erwarten hat.
So eine Antwort finde ich in keiner Philosophie.
Wenn das Absurde von Leid und Tod das Blut in meinen Adern
stocken lässt, ist für mich die einzige Antwort: Gott.
Er ist das einzige Licht und die einzige Kraft,
die das Blut in meinen Adern wieder strömen lässt.
Alles, was ich sagen kann, heißt: Gott. Er ist Liebe.
Und es ist der Mühe wert, ihm zu begegnen oder wenigstens
sich auf den Weg zu ihm zu machen.
Phil Bosmans

IM HORIZONT DES EWIGEN

Das göttliche Licht

„Je gesammelter ein Mensch im Innersten seiner Seele lebt, umso stärker ist die Ausstrahlung, die von ihm ausgeht und andere in seinen Bann zieht. Umso stärker trägt alles freie geistige Verhalten den Stempel der persönlichen Eigenart, die im Innersten der Seele beheimatet ist", schreibt *Edith Stein* (1891–1942). Die Mystikerin, Jüdin, hochbegabte Philosophin, Karmeliterin, die in Auschwitz ermordet wurde, zeigt in wenigen Worten die Notwendigkeit der Sammlung im Alltag. Gesammelte Menschen haben eine natürliche Ausstrahlung, die große Kreise zieht. Urmenschliche Grundhaltungen wie Aufmerksamkeit, Mitgefühl, Achtsamkeit, Dankbarkeit, Zärtlichkeit, Entschiedenheit, Engagement und Konfliktfähigkeit werden zum Wohl der Gemeinschaft kultiviert in der ganz einfachen Geste der Sammlung, die sich überall ereignen kann. Das Innerste unserer Seele, in dem Gott wohnt und wirkt, wird berührt, wenn wir stündlich einen Moment die Augen schließen, tief ein- und ausatmen. So erhellen wir die Dunkelheit des oft unmenschlichen Arbeitsdrucks, in dem immer noch mehr, noch rücksichtsloser und unsozialer nur der Gewinn im Vordergrund steht. Unsere tägliche Sammlung lässt uns die Zugehörigkeit zu einem großen Kreis der Liebenden erfahren, der die Verbundenheit mit Verstorbenen und Lebenden, mit Tieren und Pflanzen, mit Schöpfung und Kosmos und in all dem mit Gott erahnen lässt. Unsere Sammlung lässt unser Licht hineinstrahlen in diese Welt, weil es nicht unser Licht ist, sondern das göttliche Licht.

Pierre Stutz

Eine Flamme in uns

Lebst du vor dich hin wie ein Elefant,
der gedankenlos über alles trampelt?
Oder wie ein Känguru, weil du immer daran denkst,
wie du deinen Beutel füllen kannst?
Ist das Rennen und Ringen und Kämpfen um Hab und Gut
nicht verrückt, wenn die Menschen am Ende doch
alle genauso viel Platz einnehmen – auf dem Friedhof?
Wird nicht alles sinnlos,
wenn wir vergessen, dass wir eine Seele haben
wie eine Flamme in uns, die ewig ist?
Stell dir vor, in einer Viertelstunde wäre es so weit,
und du müsstest ein letztes Mal auf dein Leben schauen.
Vom Tod aus siehst du alles viel klarer.
Du wirst entdecken, dass viel von den Dingen,
um die du gestern und heute noch gestritten hast,
ziemlich unwichtig oder völlig sinnlos war.
Mit dem Gedanken an den Tod lebst du
viel ruhiger und – seltsamerweise – auch viel fröhlicher.
Freude haben ist nicht dasselbe wie Spaß haben.
Freude liegt viel tiefer in deinem Herzen.
Freude ist wie der weiße Kern einer Flamme,
die dein ganzes Wesen durchströmt.
Wenn du dich selbst vergisst, wenn du dir
ganz bewusst wirst, dass Gott dir ganz nahe ist
wie ein Vater, der alles versteht und deine Not kennt.
Lebe gern und lebe gut, führe ein gutes Leben.
Dann wird der Tod für dich eine Tür zum Himmel sein.
  Phil Bosmans

Hoffnungslichter

Menschen stehen mit Schirmen an den Gräbern. Sie schützen sich nicht nur vor dem Regen, sondern ich sehe darin auch ein Sinnbild für den Schutzraum, den Trauernde brauchen. Der regelmäßige Weg zum Grab kann so zu einem inneren Weg werden, in dem die gemeinsamen Erfahrungen vertieft, verarbeitet und mit der Zeit in Frieden losgelassen werden können. Der Allerseelen-Tag oder andere Totengedenktage verdichten unser Bedürfnis nach Trauer- und Klageräumen, die wir ein Leben lang brauchen. Gräber können uns helfen, das Sterben in unser Leben zu integrieren. Gräber sind wie Geburtsorte von Menschen, sie lassen uns erahnen und vertrauen, dass wir im Sterben in Gottes Geborgenheit hineingeboren werden. Sie erzählen vom Durchgang durch das Dunkel, den Schmerz, den Tod, um zum Licht zu gelangen. In einem kleinen Dorf in der Nähe von Salzburg, in Faistenau, habe ich entdeckt, dass jeden Samstagabend auf allen Gräbern eine Kerze angezündet wird. Das Bild dieser Hoffnungslichter lebt tief in meiner Seele weiter. Eine dunkle Winternacht wird erhellt durch die Lichter, die Menschen auf den Gräbern anzünden. Sie erzählen von der tröstenden Wirklichkeit, dass die Dunkelheit der Gräber nur Schatten ist des ewigen Lichtes. Sie erzählen von der kraftvollen Wirklichkeit, dass die dunklen Stunden der Trauer erhellt werden, wenn wir im Pflegen der Gräber unserer Seele Raum und Zeit zur heilenden Trauer schenken. Hoffnungslichter verbinden Menschen aller Kulturen. Sie erzählen von der verbindenden Sehnsucht nach ewigem Licht.

Pierre Stutz

Heimat im Licht Gottes

Im Buch Baruch ist uns ein Brief überliefert, den der Prophet Jeremia an die in Babel gefangenen Israeliten geschrieben hat. Darin warnt Jeremia das Volk, sich den Fremden anzugleichen und ihre Götter zu verehren. Damit sie vor der Versuchung der Götzenanbetung bewahrt werden, sollen sie in ihrem Herzen sprechen: „Dir allein, o Herr, gebührt Anbetung! Mit euch ist ja mein Engel" (Baruch 6,6). Auch im Exil sind die Israeliten nicht alleingelassen. Der Engel Gottes ist bei ihnen. Die babylonische Gefangenschaft ist ein Bild für unser Leben. Wir fühlen uns in dieser Welt oft genug in der Fremde, entfremdet von uns selbst und dem Grund, aus dem wir leben, fern von Gott, der allein uns Heimat zu schenken vermag. Und wir sind gefangen in den Zwängen unserer Angst, in den Fesseln unserer Abhängigkeiten und in der Enge unseres begrenzten und eingeschränkten Daseins. Wir fühlen uns heimatlos, verbannt unter Menschen, die Gott nicht kennen und nichts von unserem wahren Wesen wissen. Sie wollen uns in ihre Vorstellungen pressen. Ihr ganzes Streben geht dahin, dass wir uns ihnen angleichen. Doch – so verheißt uns der Prophet Jeremia – der Engel schützt uns davor, uns den Fremden anzupassen.

Der Engel wacht über unser Leben. Weil der Engel sich über uns beugt, sind wir geschützt vor der bedrängenden Nähe des Dunkels. Er schafft in uns einen weiten Raum der Freiheit, in dem niemand Macht über uns hat und in dem wir mitten in der Welt zu leben vermögen. In diesem Raum der Freiheit erfahren wir unseren inneren Reichtum, der uns von Gott her zukommt. Dort, wo wir mitten in der Fremde dieser Welt Gott die Ehre geben und ihn anbeten, leuchtet Gottes Herrlichkeit über uns. In der Anbetung erfahren wir Heimat. Da haben wir teil am hellen Licht Gottes. Da wird unser Leben hell und heil. Es wird gesegnet und darf auch für andere zur Quelle des Segens werden.

„Gott entbietet für dich seine Engel, dich zu behüten auf all deinen Wegen. Sie sollen auf den Händen dich tragen, dass nicht an einem Stein sich stoße dein Fuß" (Psalm 91). Wenn im Engel Gottes goldener Glanz uns umhüllt, dann sind wir geschützt vor den Steinen, die uns im Weg liegen. Dann werden wir nicht darüber stolpern. Im Bild von den Engeln, die uns auf den Händen tragen, wird das Geheimnis der Auferstehung sichtbar. Im Tod werden uns Engel in den Schoß des barmherzigen Gottes tragen. Niemand kann uns aus den Händen der Engel entreißen, die Gott zu unserem Schutz gesandt hat.

Anselm Grün

Inhaltsverzeichnis

INHALTSVERZEICHNIS

INHALTSVERZEICHNIS

Quellenverzeichnis

Die Texte von Phil Bosmans, Anselm Grün, Andrea Schwarz, Christa Spilling-Nöker und Pierre Stutz wurden Werken der genannten Autorinnen und Autoren entnommen, die alle im Verlag Herder, Freiburg im Breisgau, erschienen sind. Insbesondere sind zu nennen:

Phil Bosmans, Leben jeden Tag. 365 Vitamine für das Herz. Aus dem Niederländischen von Ulrich Schütz. © Verlag Herder GmbH, Freiburg im Breisgau, Neuausgabe 3. Auflage 2008

– ders., Mensch, ich hab dich gern. Aus dem Niederländischen von Ulrich Schütz. Herausgegeben von Ulrich Sander. © Verlag Herder GmbH, Freiburg im Breisgau, 2. Auflage 2010

– ders., Vitamine fürs Herz: Das große Lesebuch. Aus dem Niederländischen von Ulrich Schütz. © Verlag Herder GmbH, Freiburg im Breisgau 2010

Anselm Grün (zusammen mit Andreas Felger), Engel – Bilder göttlicher Nähe. © Verlag Herder GmbH, Freiburg im Breisgau, Neuausgabe 2006 (zusammen mit dem Präsenz Verlag, Gnadenthal)

– ders., Engel für das Leben, Herder Spektrum Taschenbuch. © Verlag Herder GmbH, Freiburg im Breisgau, 3. Auflage 2007

- ders., Der Himmel beginnt in dir. Das Wissen der Wüstenväter für heute. © Verlag Herder, Freiburg im Breisgau, Neuausgabe 2008
- ders., Das Glück beginnt in dir. Gute Gedanken für jeden Tag. Herausgegeben von Ludger Hohn-Morisch. © Verlag Herder GmbH, Freiburg im Breisgau 2009
- ders., Einfach leben. Das große Buch der Spiritualität und Lebenskunst. Herausgegeben von Rudolf Walter. © Verlag Herder GmbH, Freiburg im Breisgau 2011

Andrea Schwarz, Singt das Lied der Erlösung. Mit Gott das Leben feiern. © Verlag Herder GmbH, Freiburg im Breisgau, 2. Auflage 1994
- dies., Wenn ich meinem Dunkel traue. © Verlag Herder, Freiburg im Breisgau, 3. Auflage 2001
- dies., Du Gott des Weges segne uns. Gebete und Meditationen. © Verlag Herder GmbH, Freiburg im Breisgau 2008
- dies., Und jeden Tag mehr leben. Jahreslesebuch. © Verlag Herder GmbH, Freiburg im Breisgau, Neuausgabe 2008
- dies., Wenn Chaos Ordnung ist. Mit Gegensätzen leben. Herder Spektrum Taschenbuch. © Verlag Herder GmbH, Freiburg im Breisgau 2009
- dies., Unterwegs mit einem Engel. Mit dem Buch Tobit durch die Fastenzeit bis Ostern. © Verlag Herder, Freiburg im Breisgau, Neuausgabe 2010
- dies., Bleib dem Leben auf der Spur. Unterwegs nach Afrika. © Verlag Herder GmbH, Freiburg im Breisgau 2010

QUELLENVERZEICHNIS

Christa Spilling-Nöker, Einfach gerne leben. 365 gute Tage.
© Verlag Herder GmbH, Freiburg im Breisgau 2008
– dies., Engel verkünden den Frieden. © Verlag Herder
GmbH, Freiburg im Breisgau 2005
– dies., Ein Engel dir zur Seite. Mit Bildern von Marc Cha-
gall. © Verlag Herder GmbH, Freiburg im Breisgau 2010

Pierre Stutz, Der Stimme des Herzens folgen. Jahresllese-
buch. © Verlag Herder, Freiburg im Breisgau, 3. Auflage
2005
– ders. Was meinem Leben Tiefe gibt. Schritte zum Dasein.
© Verlag Herder, Freiburg im Breisgau, erweiterte Neuausgabe 2011
– ders., Kleines Buch vom Kreis des Lebens. Herder Spektrum Taschenbuch. © Verlag Herder GmbH, Freiburg im
Breisgau 2011
– ders., 50 Rituale für die Seele. Herausgegeben von Andreas Baumeister. © Verlag Herder, Freiburg im Breisgau,
Neuausgabe 2011

Bibelstellen
Kap. 1, Seite 10: Lukasevangelium 11,34
Kap. 2, Seite 44: Lukasevangelium 1,78
Kap. 3, Seite 72: Jesaja 58,7–8
Kap. 4, Seite 98: Erster Johannesbrief 1,5
Kap. 5, Seite 118: Jesaja 9,1
Kap. 6, Seite 158: Psalm 36,9

QUELLENVERZEICHNIS

Zu den Autorinnen und Autoren

Phil Bosmans, Begründer des „Bundes ohne Namen" (www.bund-ohne-namen.de), er lebt im kleinen Kloster der Montfortaner bei Antwerpen. Zahlreiche Veröffentlichungen im Verlag Herder. Gedanken für jeden Tag von Phil Bosmans enthält sein Jahreslesebuch „Leben jeden Tag" (³2011) und das große Text-Bild-Lesebuch „Vitamine fürs Herz" (2010).

Anselm Grün, Dr. theol., Benediktinermönch, Verwalter der Abtei Münsterschwarzach, geistlicher Berater, Begleiter und Autor höchst erfolgreicher Veröffentlichungen (www.anselm-gruen.de; www.einfach-leben.de). Zuletzt bei Herder unter anderen: „Einfach leben. Das große Buch der Spiritualität und Lebenskunst" (2011). Seine Gedanken für jeden Tag enthält das Jahreslesebuch „Das Glück beginnt in dir" (2009).

Christa Spilling-Nöker, Dr. phil., Pfarrerin mit pädagogischer und tiefenpsychologischer Ausbildung. Zahlreiche erfolgreiche Veröffentlichungen. Zuletzt bei Herder unter anderen: „Himmlische Küche. Das Kochbuch der christlichen Feste" (2010), „Die schönsten Seiten des Lebens. Das Familienhausbuch für das ganze Jahr" (2011).

Andrea Schwarz, Industriekauffrau und Sozialpädagogin, heute als gefragte Referentin tätig sowie ehrenamtlich in Projekten der Mariannhiller Schwestern in Südafrika; eine der meistgelesenen christlichen Autoren unserer Zeit. Zuletzt bei Herder unter anderen „Bleib dem Leben auf der Spur. Unterwegs nach Afrika" (2010). Ihre Gedanken für jeden Tag enthält das Jahreslesebuch „Und jeden Tag mehr leben" (Neuausgabe ²2010).

Pierre Stutz, Theologe, spiritueller Begleiter, Lebensberater. Mitbegründer des offenen Klosters Fontaine-André bei Neuchâtel (Schweiz). Dichter und Autor viel beachteter Bücher (www.pierrestutz.ch). Zuletzt bei Herder: „In der Weite des Himmels. Ein meditativer Gang durch die Bibel" (2010), „50 Rituale für die Seele" (2011).

Lebensimpulse

Anselm Grün
Einfach leben
Das große Buch der Spiritualität und Lebenskunst
Herausgegeben von Rudolf Walter
340 Seiten | Gebunden mit Schutzumschlag und Leseband
ISBN 978-3-451-32385-0

Andrea Schwarz
Du Gott des Weges segne uns
Gebete und Meditationen
192 Seiten | Flexcover mit Leseband | Zweifarbig mit Abb.
ISBN 978-3-451-32099-6

Phil Bosmans
Vitamine fürs Herz – Das große Lesebuch
Aus dem Niederländischen von Ulrich Schütz
208 Seiten | Gebunden | Foto-Text-Band | Durchgehend farbig mit
zahlreichen Abb.
ISBN 978-3-451-32802-2

Christa Spilling-Nöker
Die schönsten Seiten des Lebens
Das Familienhausbuch für das ganze Jahr
240 Seiten | Gebunden | Durchgehend farbig mit zahlreichen Abb.
ISBN 978-3-451-32551-9

Pierre Stutz
In der Weite des Himmels
Ein meditativer Gang durch die Bibel
200 Seiten | Flexcover mit Leseband
ISBN 978-3-451-32328-7

HERDER

Licht – Weisheit voll Lebenskraft

Menschen leben vom Licht und der Sonne. Licht und Farben sind wichtig für unsere Gesundheit und unsere Seele. Wer lange auf sie verzichten muss, spürt die Sehnsucht nach Licht. Spirituelle Weisheit führt Menschen zu dem inneren Licht, das sie verlässlich auf ihren Wegen begleitet.
Die folgenden Bücher und Hörbücher aus dem Verlag Herder möchten Sie begleiten und Ihnen die Erfahrung vermitteln:
„Es lohnt sich, im Licht zu leben" (Anselm Grün).

Gudrun Landgrebe liest
Licht auf unserem Weg
Hörbuch-CD | Spielzeit ca. 75 Minuten
ISBN 978-3-451-31970-9

Worte voll Licht
Gute Gedanken und Wünsche
Herausgegeben von Ulrich Sander
64 Seiten | Durchgehend farbig | Mit zahlreichen Fotografien
ISBN 978-3-451-33247-0

Momente voll Licht
104 Seiten | Aufstellbuch | Durchgehend farbig mit zahlreichen
Fotografien
ISBN 978-3-451-33242-5

HERDER

Zu deinem Geburtstag ein Licht auf dem Weg
64 Seiten | Durchgehend farbig | Mit zahlreichen Fotografien
ISBN 978-3-451-33243-2

Zur Genesung ein stärkendes Licht
64 Seiten | Durchgehend farbig | Mit zahlreichen Fotografien
ISBN 978-3-451-33245-6

In Zeiten des Abschieds ein tröstendes Licht
64 Seiten | Durchgehend farbig | Mit zahlreichen Fotografien
ISBN 978-3-451-33244-9

Für alle deine Tage ein freundliches Licht
64 Seiten | Durchgehend farbig | Mit zahlreichen Fotografien
ISBN 978-3-451-33246-3

Im Morgenlicht
Meditative Musik für den neuen Tag
Audio-CD | Spielzeit: ca. 60 Min.

HERDER

© Verlag Herder GmbH, Freiburg im Breisgau 2011
Alle Rechte vorbehalten
www.herder.de

Redaktion: Julia Sterthoff

Umschlagmotiv: © iStockphoto/seraficus
Umschlaggestaltung:
Büro Margret Russer und Gabriele Pohl
Satz:
Atelier Georg Lehmacher, Friedberg (Bay.)
Herstellung:
fgb · freiburger graphische betriebe
www.fgb.de

Printed in Germany
ISBN 978-3-451-33241-8